A oração de intercessão
Perfume em taça de ouro

MARÍA VICTORIA TRIVIÑO

A oração de intercessão
Perfume em taça de ouro

Tradução
Sandra Garcia Custódio

Edições Loyola

Título original:
La oración de intercesión – Perfume en cuenco de oro
© NARCEA, S. A. DE EDICIONES, 2003
Dr. Federico Rubio y Galí, 9. 28039 Madrid
ISBN: 84-277-1414-9

DIAGRAMAÇÃO: Ademir Pereira
REVISÃO: Carlos Alberto Bárbaro

Edições Loyola
Rua 1822 nº 347 – Ipiranga
04216-000 São Paulo, SP
Caixa Postal 42.335 – 04218-970 – São Paulo, SP
✆ (11) 6914-1922
📠 (11) 6163-4275
Home page e vendas: www.loyola.com.br
Editorial: loyola@loyola.com.br
Vendas: vendas@loyola.com.br

Todos os direitos reservados. Nenhuma parte desta obra pode ser reproduzida ou transmitida por qualquer forma e/ou quaisquer meios (eletrônico ou mecânico, incluindo fotocópia e gravação) ou arquivada em qualquer sistema ou banco de dados sem permissão escrita da Editora.

ISBN: 85-15-03240-6

© EDIÇÕES LOYOLA, São Paulo, Brasil, 2006

Sumário

APRESENTAÇÃO 7
INTRODUÇÃO 11
   Etapas da oração de intercessão 13
A COLUNA DA INTERCESSÃO 15
   O mediador 17
   A Toda Santa, espelho de intercessão 19
   A Igreja 22
INTERCESSÃO NA SAGRADA LITURGIA 27
   Oração dos fiéis 27
   As orações 29
   Poder da assembléia litúrgica 29
OLHANDO PARA A CRUZ, INTERCESSÃO DE PERDÃO 35
   Moisés 35
   Estêvão 37
   "Aprendei a ser piedosos" 38
INTERCESSÃO SOLIDÁRIA 41
   No pó e na cinza 42
   Por vossa caridade 44
   Dom de si na intercessão 46
VER EM DEUS 49
   A graça 50

Ver na Eucaristia 52
Comunicar a graça 53
INTERCESSÃO FRATERNA 59
Afastar as trevas 60
Serviço de intercessão 61
Intercessão contemplativa 63
GRAVAR NAS DOBRAS DO CORAÇÃO 65
Gravar no coração 65
Oração simples 66
"Meu coração desperta" 67
INTERCESSÃO COMO ABRAÇO 71
Mistério de ternura 72
Elas não têm mais vinho 74
"Eis aí teu filho" 76
TUAS FLECHAS CRAVARAM EM MIM 79

Apresentação

Este livro não é só mais uma página a acrescentar entre a quantidade que se publica sobre a oração; tem o propósito de estabelecer definitivamente a importância do ministério universal da *intercessão*. Por nós Cristo oferece lágrimas, gritos, súplicas, sua própria pessoa ao Pai, em benefício de todos. É ele que intercede, ora, suplica, oferece, se apresenta, se imola, é o sacerdote da Nova Aliança; oferecendo uma vez e de uma vez para sempre.

Convém ler alguns textos, toda a Carta aos Hebreus, os capítulos 14–17 do evangelho de João; repassar os capítulos 5, 8, 15, 21 do livro do Apocalipse e ver como se intercede, como as orações são apresentadas como perfumes em taças de ouro[1] e em seguida lançadas as brasas como benefícios sobre a terra. Não existe solidão absoluta; ao realizar-se *a intercessão*, a súplica em favor dos outros, se nasce e convive em comunhão, em solidariedade. A história, a humanidade com toda a sua aparência e peso são colocadas nos lábios dos intercessores, nos gritos, na ação de graças, no louvor, no pedido. Mas a intercessão é muito mais que simples pedido.

Diante do Pai temos o Filho que intercede por todos, que se oferece em favor de toda a humanidade. Diante do Filho temos a

---

1. Perfumes em taças de ouro: no Templo judaico havia um altar de perfumes. Ali se queimava incenso simbolizando as orações, como em Ap 5,8: "... os vinte e quatro anciões se prostraram diante do Cordeiro, cada um com uma harpa e taças de ouro cheias de incenso, que são as orações dos santos". (N. T.)

Mãe que sabe "do que necessitamos no momento". Diante da Trindade intercede toda a Igreja. Quantas não serão as preces e súplicas, os lamentos e pedidos, as necessidades que são apresentadas todos os dias diante do altar de Deus por mãos amigas, por consagrados à intercessão, por corações impelidos diante das súplicas de seus conhecidos ou de seus concidadãos. "Este é o que ama muito seu povo, o que ora por seus amigos", o que põe o grito no céu suplicando perdão, misericórdia em benefício de todo o edifício que vai sendo construído.

Não se pode deixar de fora as citações e os nomes de intercessores. Certamente você conhece muitas outras testemunhas, oferentes, pessoas que exercem o ministério sacerdotal da intercessão; pessoas que curam e apresentam súplicas por seus filhos, amigos, familiares. Toda intercessão, em espírito e verdade, fundada na humildade e na confiança, repleta de fé nAquele que nos escuta, tem sua resposta. Mais de uma cura, mais de uma graça que ocorre nas famílias provém da intercessão incessante e confiante de uma mãe, dos irmãos ou de qualquer outra pessoa que participa pela confiança, pelo pedido, pelo conhecimento ou pela familiaridade.

Ao final se descobre que a *intercessão* é ministério, colaboração na edificação, arte, participação no Mistério. Já estamos convencidos, pelos testemunhos, pelos que oram, pelas famílias contemplativas, pelos que escrevem, de que "estamos diante de uma nuvem de testemunhos e intercessores". A solidariedade é plena quando "se pede por todos" ao Pai; quando se esclarece a causa dos irmãos; se acampa diante da originalidade de uma função sacerdotal: a oblação para nos consagrar a Deus, para um encontro salvífico definitivo "pelo sangue da Nova Aliança".

Ao viver a *intercessão,* todo um impulso missionário brota. Pelos irmãos, por todos se suplica e oferece. Com todos, na alegria ou no sofrimento, se convive. Aquele que aprende a interceder sai de si mesmo, se apresenta diante do Pai e fica aberto ao mundo da caridade universal. Sofrerá e se alegrará por tudo, e com tudo tratará de conviver na vida trinitária e na vida histórica de cada momento.

Apresentação

Com este livro você aprende a não hesitar na intercessão. Reze por todos, principalmente nos momentos mais cruciais e desesperadores. Sua intercessão faz bem a todos nós: uma chuva de bênçãos cai sobre a terra quando "intercede diante do Senhor, doador de todo o bem e Pai da misericórdia".

VICTORINO TERRADILLOS ORTEGA

Introdução

Convidada a escrever sobre a oração, que tem tantas formas, particularidades e modelos, me pareceu bom tirar o véu que cobre uma forma de oração sobre a qual se escreve menos: *a oração de intercessão*.

Jesus ressuscitado, o Senhor, é nosso intercessor diante do Pai. Sua Mãe Santa é intercessora. A Santa Madre Igreja intercede continuamente de todos os lugares da terra. Todo cristão eleva, pelo menos uma vez, súplicas e lágrimas por seus irmãos.

O ministério da intercessão, como dedicação de vida, é considerado parte da herança eclesial legada pelos contemplativos. O povo de Deus o sente assim, por isso acode e venera os que habitando entre eles lhe oferecem o abraço intercessor incessante.

No entanto, sempre existiu outro lugar, manancial de graça intercessora, que não convém omitir: a Igreja doméstica. Os pagãos a descobriram e a confessaram com assombro nos primeiros séculos: as crenças do paganismo, o atrativo da sensualidade e a cobiça juntamente com a luxúria da vida da cidade teriam tido um efeito maior (sobre os cristãos) não fosse pela perseverança de muitas mulheres cristãs no lar. Libânio, o sofista e retórico pagão, que ensinou João Crisóstomo quando menino em Antioquia, disse:

> Quando os homens estão fora, vão aos altares dos deuses; mas quando voltam ao lar mudam suas mentes, são convencidos pelas lágrimas de suas esposas e de novo se afastam dos sacrifícios.

Foi ele que disse a respeito de Antusa, mãe de João: "Céus, que mulheres têm esses cristãos!"[1].

A promoção do laicato criou entre os fiéis uma sensibilidade nova e um desejo legítimo de alcançar os bens espirituais em toda a sua riqueza. Será bom mostrar alguns traços dessa forma de oração, pesquisando nos escritos dos grandes intercessores para conhecer sua intimidade, e também a partir de nossa experiência. As escolas de oração de nosso tempo vão se definindo com as palavras "experiência", "encontro", "silêncio", "deserto", "oração do coração"... Oferecem "oficinas" ou criam "espaços". Algumas vezes se vinculam ao nome do professor que as promove, outras vezes ao local do encontro. A instrução se reduz ao mínimo e passa ao primeiro plano o pão da Palavra recebida no vazio do silêncio. Na verdade, o que todos pretendem alcançar ou transmitir é a experiência da presença divina.

A intercessão é uma forma a mais de oração que conduz à união com Deus. Tem suas etapas e colabora na edificação da Igreja.

> Observem aqueles que trabalham na construção de uma catedral. Executam-se trabalhos diferentes. Pode haver ali mais de cem trabalhadores ocupados na construção servindo de modos diversos. Uns carregam pedras, outros argamassa, cada um segundo sua tarefa, mas todos envolvidos na construção do edifício. Este só tem como finalidade ser casa de oração. A oração é a razão desse maravilhoso trabalho. Assim todos os outros métodos são dirigidos à oração, à união com Deus... tudo o que conduz a ela é proveitoso, atingiu seu fim[2].

O lugar da intercessão no edifício da Igreja está no eixo que une o céu e a terra, na escada pela qual sobem e descem os anjos com seus dons, na coluna que se apóia na terra da Igreja e entra no santuário celeste onde Jesus, nosso Senhor e mediador, se senta à direita do Pai. *"Farei do vencedor uma coluna no templo de meu Deus"* (Ap 3,12).

A experiência de oração de intercessão supõe a fé viva no dogma da comunhão dos santos. Não é um exercício. Significa

---

1. Judith Lang, *Ministros de gracia, las mujeres en la Iglesia primitiva*, Madrid, Paulinas, 1991, 98.

2. Juan Tauler, *Instituciones.Temas de oración*, Salamanca, Sígueme, 1990, Tema XIII, 287.

entrega de si e acolhida do dom do Espírito do Senhor, que é discernimento, amor de misericórdia, compaixão e ternura.

Etapas da oração de intercessão

Com base na vida contemplativa escrevemos para todos os fiéis. É um convite à experiência. Minha experiência pessoal com a intercessão teve três grandes etapas. A primeira, na vida contemplativa clarissa, no empenho de servir em uma função tão considerada entre os fiéis e própria das contemplativas na Igreja.

Foi um processo de experiência. Primeiro de intercessão *a sós com o Senhor* na solidão da cave[3], assim gosto de nomear o lugar de oração retirado no segredo da cela, onde o Cristo de São Damião e a Bíblia estão diante dos olhos, ao alcance da mão e dos lábios.

A segunda etapa significou a passagem *do individual para o coletivo*, a abertura para a oração de intercessão em grupo, sobre uma pessoa concreta que pede oração por determinada necessidade. Fez parte da aprendizagem com outras irmãs da comunidade num pequeno grupo de intercessão, que oferecia esse serviço em favor dos sacerdotes e das religiosas que o pediam. Durante alguns anos solicitaram nosso serviço de vez em quando, e isso nos proporcionou uma experiência nova e intensa.

A terceira etapa foi como a síntese das duas anteriores, que eu diria tocar, *alcançar o ideal*. Em nossa comunidade clarissa de fundação recente, começamos a interceder com a mesma naturalidade com que se respira. É a oração de intercessão contemplativa prolongada, com silêncios, com cantos e súplicas, em comunidade. Nós, irmãs, a praticamos reunidas aos pés do Cristo de São Damião ou do Santíssimo. Quando há oportunidade, fazemos outras pessoas participar, levando-as ao movimento do comunitário ao pessoal e do pessoal ao universal.

Na primeira etapa sentimos a intercessão como um dever inerente à vida contemplativa, e foi agradável. Na segunda a vivemos como um serviço à comunidade, e foi impressionante. Na terceira a vivemos como missão; é consolador, belíssimo.

---

3. Cave: adega ou despensa subterrânea. No original *bodega*. (N. T.)

Poderiam ser ditas muitas coisas mais sobre a oração de intercessão que as que estão neste livro. Por exemplo: seu fundamento bíblico; a influência dos grandes intercessores na Sagrada Escritura... Mas sobre isso tratam muitos autores. Nesta breve obra nos concentramos na experiência.

Depois de estabelecer a escada, o eixo de comunicação entre o céu e a terra, o que chamamos de coluna da intercessão na Igreja, nos detemos brevemente nos espaços que a sagrada liturgia cria para a oração intercessora dos fiéis. Esse é o local em que adquire sua universalidade e maior força. *"Darei poder sobre todas as nações ao vencedor"* (Ap 2,26).

A seguir expomos diversas formas de exercer a intercessão, como sacerdócio espiritual dos batizados em qualquer lugar e tempo. A oração de perdão vem em primeiro lugar porque guarda o coração reconciliado e é necessária para permanecermos na paz, unidos ao Mediador. Os diversos títulos que apresentamos não marcam grandes diferenças, unicamente destacam traços predominantes em uma ou outra forma. Em realidade, um intercessor os vai vivendo sucessiva ou alternadamente.

Virtudes, dons e carismas acompanham o serviço da intercessão quando este se identificou com a vida toda. Uma das graças mais relevantes é, sem dúvida, *ver em Deus*. Mestres do espírito escreveram sobre essas coisas. Vamos convidá-los a contar suas variadas experiências, ao longo destas páginas, sem economizar citações. Fazemos isso seguros de que será tão bom ao leitor como se se encontrasse em um salão de espelhos, onde encontrará seus desejos refletidos.

E queira o Senhor que todos os chamados a interceder por nossos irmãos permaneçamos sempre em um desejo: aprender a santa humildade para não ferir ninguém e o inefável amor de Jesus para abraçar a toda criatura em uma intercessão poderosa.

Cumpra-se em você, leitor, que busca os caminhos de oração, a palavra:

> *Deste-lhe o que sonhou seu coração, não negaste o pedido dos seus lábios* (Sl 21,3).

A coluna da intercessão

E vi como entre o vento austral surgia uma imagem de mulher imensa e selhante a uma cidade. O rosto era de tanta beleza e claridade que eu teria podido contemplar mais facilmente o sol que aquela imagem. Uma coroa de ouro cingia sua cabeça. Sobre esse mesmo círculo apareceu o rosto de um ancião. De seus braços baixavam raios de glória que iam do céu à terra; seu ventre parecia uma rede de mil malhas, por onde entravam e saíam grande número de pessoas. Parecia vestida de claridade mas era impossível discernir sua vestimenta. Perto de seu peito, uma espécie de aurora brilhante surgia em chamas vermelhas e alguns cânticos celebravam a aurora. No momento em que esta mulher estendia sua glória como uma veste, disse: devo ser mãe. Imediatamente alguns anjos acudiram e se puseram a preparar os lugares para os homens... (A mulher) tinha em suas mãos um cordeiro como luz de dia claro. Pisoteava um monstro horrível, venenoso e de cor negra, e uma serpente...[1]

A mulher vestida de sol, que santa Hildegarda contemplou e descreveu, sobre cuja coroa emerge a face do Ancião dos dias, veste estola sacerdotal e leva em suas mãos o cordeiro *em pé, degolado e vivo*. É a mulher! Significa a Virgem Mãe e a Igreja virgem, a mesma que São João viu e descreveu no Apocalipse (c. 12).

A mulher é mãe. A mulher é imensa como uma cidade onde todos têm casa.

---

1. Hildegarda de Bingen, *Liber divinorum operorum* Parte I. Primeira visão. Cf. Victoria Cirlot (ed.), *Vida y visiones de Hildegard von Bingen*, Madrid, Siruela, 210.

A oração de intercessão — Perfume em taça de ouro

A mulher é bela, seu rosto é um Tabor de claridade. Do esplendor de sua graça reveste aqueles que gera. Os filhos que mamaram de seus úberes abundantes cantaram sua beleza. Prestes a ser imolado, Santo Inácio de Antioquia dirigia sua carta aos cristãos de Roma com palavras bonitas:

...à Igreja que alcançou misericórdia...,
à Igreja amada e iluminada...,
digna de Deus,
digna de honra,
digna de ser chamada venturosa,
digna de louvor,
digna de alcançar seus desejos,
de uma louvável integridade e
que preside todos os congregados na caridade,
que guarda a lei de Cristo,
que está adornada com o nome do Pai;
para ela minha saudação em nome de Jesus Cristo,
Filho do Pai.

E a todos os que estão unidos em corpo e alma a todos os seus preceitos, constantemente plenos da graça de Deus e isentos de qualquer matiz estranho, desejo-lhes grande e completa felicidade em Jesus Cristo, nosso Deus[2].

Poder-se-ia fazer um hino com as palavras do bispo mártir, para cantar alto em nossos dias, para dar segurança aos filhos agora que os zombadores se empenham em desprestigiar esta Igreja pecadora e santa, por só querer ver defeitos nela.

Sob os pés da mulher vestida de sol, o monstro venenoso volta ao abismo, as sombras e qualquer matiz estranho de falsidade se dissipam. Os filhos verdadeiros se saciam de felicidade na grande e completa bem-aventurança de Jesus Cristo. Por suas mãos, que amassam o Pão, a graça é derramada.

Em seu peito se renova a luz da aurora brilhante em mil chamas. E o rumor de sua oração é um canto em muitas línguas, línguas de fogo, que celebram a efusão do Espírito. E o cordeiro é a lâmpada inextinguível como a luz do meio-dia.

---

2. Santo Inácio de Antioquia, *Carta aos Romanos*, Prólogo, Liturgia das Horas III, Domingo X, Ofício de Leituras, 263-264.

A imagem do Apocalipse sugere a Hildegarda de Bingen símbolos e resplendores. Sugere belezas a quem se detém a contemplá-la ontem e hoje.

Na imagem dessa incomparável mulher mãe vemos hoje o lugar, a subida e o fluxo da intercessão. Vemos a coluna que se apóia na terra de nossa fragilidade, se levanta na Igreja unida à Mãe do Senhor e entra no santuário celeste onde o Mediador nos oferece ao Pai: *"Farei do vencedor uma coluna no templo do meu Deus"* (Ap 3,12).

E a Mulher estendia, continua estendendo, sua glória como uma veste. Toda ela é veste da manifestação do amor do Pai, da graça do Filho e da efusão santificadora do Espírito.

Para que os que dormem despertem e se encham as moradas, para que a realidade secreta resplandeça mais e mais, se abrem dia e noite as torrentes de intercessão.

O Mediador

Temos um mediador diante do Pai, Jesus Cristo, o que atravessou o véu. *"Mas este, pelo fato de permanecer para sempre, tem um sacerdócio imutável. Eis por que ele pode salvar, agora e sempre, os que por seu intermédio se aproximam de Deus, pois está sempre vivo para interceder por eles"* (Hb 7,24-25). E em virtude desse sacerdócio único, dessa intercessão amorosa e incessante somos santificados.

A intercessão cristã é curadora e poderosa, salvadora e santificadora, enquanto se une ao Mediador. Ele abriu o lugar sagrado de onde se elevam orações e súplicas diante do Pai. *"Destarte, irmãos, temos total garantia de acesso ao santuário pelo sangue de Jesus. Temos aí um caminho novo e vivo, que ele inaugurou através do véu, isto é, através de sua humanidade. E temos um sacerdote eminente constituído sobre a casa de Deus. Aproximemo-nos pois com um coração reto e na plenitude da fé, o coração purificado de toda falta de consciência e o corpo lavado por uma água pura"* (Hb 10,19-22).

A entrada no santuário celeste da intercessão é exercício do sacerdócio real dos fiéis.

Assim como chamamos de cristãos todos os que receberam o batismo da unção mística, devemos também chamar de sacerdotes todos aqueles que são membros do único Sacerdote[3].

E em virtude desse sacerdócio, o intercessor vive *"para oferecer sacrifícios espirituais agradáveis a Deus por Jesus Cristo"* (1Pd 2,5) no altar de um coração puro e compassivo.

A entrada no templo da intercessão pede que se tire as sandálias dos pés. Esse acercar-se do Mediador, santo e inocente, pede pureza de coração, sinceridade e plenitude de fé.

A pureza do coração é uma bem-aventurança. Significa comunhão de amor ou identificação com os sentimentos do Senhor. Ilumina os olhos para ver Deus através de todas as aparências. A intercessão dos limpos de coração não se detém no escuro. Atravessa o tempo para ver tudo em seu destino final, no abraço da misericórdia que salva.

A sinceridade é não levar nada escondido, não alimentar desejos nem interesses que não sejam inspirados pelo Espírito do Senhor. Parece que a palavra *sinceridade* nasceu em referência às esculturas feitas para decorar jardins romanos; ou seja, imagens que deveriam permanecer na intempérie. O comprador encomendava uma escultura de uma única peça, ou *sem cera,* pois se temia muito a fraude de alguns escultores que, não podendo tirar a imagem de um só bloco de pedra, cobriam as falhas de sua obra com uma camada de cera. Certamente, a cera não resistia à ação das intempéries e a escultura rachava pouco a pouco[4].

A plenitude da fé, também chamada fé carismática, é aquela que não vacila em seu coração. Essa fé é tão eficaz quanto o pequenino grão de mostarda que chega a fazer-se árvore frondosa. É a fé que pode trasladar montanhas e precipitá-las ao mar.

---

3. Santo Agostinho, *De civitate Dei*, I, XX, c. 10 (P.L. 41, 676).
4. As esculturas perfeitas — sem falhas — eram *sine cera,* isto é, sem disfarces: sem cera. De *sine cera* resultou a palavra *sincero*. (N. T.)

Essas qualidades, enumeradas na Carta aos Hebreus, supõem uma maturidade na vida cristã. A sinceridade é uma virtude, a plenitude da fé é um carisma ou fruto da vida no Espírito, a pureza do coração é uma bem-aventurança.

A oração do justo se eleva, como incenso, até o Santuário celeste. O intercessor permanece na humildade de criatura, sua oração e suas lágrimas se tornam poderosas nas mãos do Mediador, o Senhor ressuscitado que as apresenta ao Pai. *"Darei poder sobre todas as nações ao vencedor"* (Ap 2,26).

A Toda Santa, espelho de intercessão

> No dia em que ela foi ao Templo para apresentar seu Filho, realizou em mistério o que a Igreja continua realizando, e quando ela o pôs nos braços do ancião Simeão, também então era a Igreja que por meio daquele gesto começava a oferecer ao Pai a hóstia de nossos pecados[5].

É o mistério de um sacerdócio espiritual, santo e materno. Desde nossa condição humana, a Mãe do Senhor é espelho e modelo do amor de compaixão, que deve ungir toda forma de intercessão verdadeira.

Santa Joana, em um sermão que pregou no dia da Apresentação do Senhor, descreve uma festa diante de seus ouvintes. O que acontece na liturgia celeste se reflete, como em um espelho, na liturgia terrena. O que se vê é a procissão das pessoas com velas pintadas de cores nas mãos. O que se ouve são os cantos e a proclamação muito solene da Palavra. Em seguida, a liturgia da Eucaristia. O que não se vê é a festa do céu. A pregadora vai representá-la, como uma catequese audiovisual, para ilustrar o mistério.

A lembrança do dia em que a Toda Santa levou o Senhor em seus braços como menino, para oferecê-lo ao Pai no Templo, agora o leva grande e poderoso no céu apresentando-lhe aos bem-

---

5. Henri de Lubac, *Meditación sobre la Iglesia*, Madrid, Encuentro, 1988, 268.

aventurados. Seu mesmo Filho a convida com estas palavras: "E sede Vós o grande sacerdote que ofereceis o sacerdócio verdadeiro que sou Eu, vivo e poderoso Deus"[6]. Mas eis que todos os bemaventurados que na terra receberam o ministério sacerdotal, começando pelo ancião Simeão, pretendiam que a Virgem deixasse em suas mãos aquela oferenda santa. A uma voz reivindicavam o direito de oferecer e sacrificar, em virtude de seu sacerdócio. Então, a genial pregadora cria o seguinte diálogo:

> E dizia igualmente o ancião Simeão:
> — Dai aqui, Senhora, dai-nos Nosso Senhor Jesus Cristo, que sou eu o primeiro sacerdote que na terra o conheci e adorei e ofereci ao Pai, com grande dor de minha alma e derramando muitas lágrimas de meus olhos, vendo em espírito e sendo-me revelados todos os tormentos e chagas que ele havia de padecer. Portanto, Senhora, daimo, que quero oferecê-lo ao Pai, pois Vós não o haveis oferecido; em vez de oferecê-lo ao Pai, o ofereceis aos santos e aos pecadores.
>
> E os outros sacerdotes diziam:
> — Dai-nos, Senhora, nosso Redentor e Salvador, que o queremos sacrificar ao Pai, segundo costumávamos fazer muitas vezes estando na terra; é certo que, quando nós o consagrávamos, não o oferecíamos aos pecadores, como hoje faz Vossa Alteza, mas ao Pai celestial por redenção e remédio de toda a linhagem humana.
>
> E Nossa Senhora a Virgem Maria respondeu-lhes, com grande humildade e doçura, dizendo:
> — Pois, verdadeiramente vos digo, meus amigos e irmãos, que antes soube eu sacrificar e sacrifiquei mais que nenhum de vós. Porque, desde a hora que o concebi em minhas entranhas até que subiu ao seio do Pai, nunca outra coisa fazia de noite nem de dia que oferecê-lo e sacrificá-lo ao Pai por toda a linhagem humana. Porém já não há nenhuma necessidade de que eu o ofereça ao Pai porque ele não lhe fará nenhum mal, mas quero oferecer aos santos para que o honrem e elogiem, e aos pecadores para que lhe sirvam e agradem e para que não o desagradem nem ofendam[7].

---

6. Santa Joana, *El Conhorte. Sermones de una mujer, la Santa Juana (1481-1534)* Vol. I, Madrid, Fundación Universitaria Española, 1999, Serm V. 2, *De la purificación*, 363.

Juana Vázquez Gutiérrez (1481-1534), a Santa Joana de uma obra de Tirso de Molina, foi abadessa do mosteiro de Cubas (Madri), reformadora e autora de 72 sermões reunidos no livro *El Conhorte*.

7. Ibid.

Cuidar do Filho evitando toda ofensa. Mostrar o Filho para que seja conhecido e amado. Guardar o Filho, sua honra e sua glória. Oferecer o Filho convidando a dar-lhe tributo de fidelidade. Um amor materno de mediação, por sua glória e nossa salvação.

Quantas vezes a Santa Virgem elevou sua Oferenda, com orações e lágrimas, durante sua vida! Desde que a espada da compaixão transpassou sua alma (Lc 2,35) intercedeu sem cessar: Levantando o Filho entre seus braços; aproximando-o a seu rosto enquanto cantava hinos e salmos; levando-o sobre seu coração à Presença; acolhendo-o desfalecido sobre seus joelhos, *Aquele Dia*, no vôo místico da compaixão até o extremo. Por fim, ungiu o sacrifício com suas lágrimas ao cobrir o rosto do Filho com o sudário e deixá-lo estendido no sepulcro novo, como uma ânfora quebrada, como um lírio ceifado em seu viço. As santas mulheres voltaram ao sepulcro. Ela, a mãe do Senhor, se escondeu no buraco de uma pedra para acompanhar a volta do Filho ao seio do Pai.

A Senhora não vai ao sepulcro. Ninguém diz onde está. Não falam de luto na casa. Não prepara os ungüentos, nem é vista no caminho, de madrugada. A Virgem está diante do Pai. Filha de Sião orante. A Mãe acompanha o Filho, Mediador da Nova Aliança, em sua entrada ao santuário, através do véu. Ela também eleva a oferenda no altar de seu coração. Levanta os braços que tinham sustentado o corpo do Filho morto. Permanece na esperança de abraçá-lo vivo. E não cessará de interceder, porque seu querer é o de Deus.

> Um só é o nosso Mediador segundo as palavras do Apóstolo: *"Porque um só é Deus, também há um só Mediador entre Deus e os homens, o homem Cristo Jesus, que se entregou para redenção de todos"* (1Tm 2,5-6). Todavia, a materna missão de Maria a favor dos homens de modo algum obscurece nem diminui esta mediação única de Cristo, mas até ostenta sua potência, pois todo o salutar influxo da Bemaventurada Virgem a favor dos homens não se origina de alguma necessidade interna, mas do divino beneplácito. Flui dos superabundantes méritos de Cristo, repousa na Sua mediação, dela depende

inteiramente e dela aufere toda a força. De modo algum impede, mas até favorece a união imediata dos fiéis com Cristo[8].

Formoso e justo é para Nossa Senhora o título de *Grande Sacerdote* que Santa Joana lhe dá ao apresentá-la oferecendo na liturgia celeste. Adequado o título de *Aqueduto* que São Bernardo lhe dera. São João Damasceno chama-a *fonte manancial*:

> Tu, oh! Maria, és fonte da verdadeira luz, tesouro inesgotável da vida mesma, manancial fecundíssimo de bênção, que nos conciliou e trouxe todos os bens...; tu irradias brilhos puros e inesgotáveis da luz imensa, da vida imortal, da fortuna verdadeira; tu soltas e difundes os rios das graças, as fontes da saúde, a chuva de bênçãos perenes[9].

Ela é como o espelho em que a Igreja aprende a interceder com humildade de criatura e poder de mãe.

A Igreja

O espelho, a forma, a imagem da Igreja, mãe e esposa, é a Mãe do Senhor. Como uma veste, a embeleza o título com que a honrou seu amante e trovador, São Francisco: "Virgem feita Igreja". Fervorosa também é a aclamação de Santo Efrém: "Bem-aventurada tu, oh! Igreja, pois vale para ti o profético grito de júbilo de Isaías: É aqui que a Virgem conceberá e dará à luz. Oh! mistério patente da Igreja!"[10].

Ambrósio a chamou de imagem da Igreja que nos gera sem gemido:

> Aprendemos o enunciado da verdade, o desígnio (que Maria é virgem e foi desposada). Aprendamos também o mistério. Com razão foi desposada e é ao mesmo tempo virgem, por ser imagem da Igreja que é imaculada e foi desposada. Concebe-nos virgem do Espírito Santo, virgem que nos dá à luz sem gemido. Por isso talvez Santa Maria tenha se casado com um (José) e tenha sido fecundada por

---

8. Vaticano II, LG, c. 8, n. 60, in Compêndio do Vaticano II – Constituições, decretos, declarações, Petrópolis, Vozes, 1991, 108.

9. São João Damasceno, in Luis Obregón Barreda, *María en los Padres de la Iglesia*, Madrid, Ciudad Nueva, 1988, 189-190.

10. Santo Efrém, Himno 5 al nascimiento del Señor, in Luis Obregón Barreda, op. cit., 215.

outro (o Espírito Santo), porque também as igrejas todas são fecundadas pelo Espírito Santo e pela graça, e contudo se unem exteriormente a um sacerdote temporal[11].

Quando a Santa Virgem intercede junto ao Mediador na liturgia celeste, toda a Igreja intercede diante do Pai. Nela o sacerdócio dos fiéis chega à perfeição.

Quando a Mãe Dolorosa permanece "no Calvário, ao longo daquelas três horas, representando a Igreja ao pé da cruz, ela recebia de seu Filho a lição definitiva, que não consta de palavras mas de obras e que esclarece todas as palavras. Em nome de toda a Igreja e de todas as gerações cristãs, ela contemplava essa cruz, princípio de toda inteligência, síntese vivente e dolorosa, dilaceramento que resolve todas as contradições...; e ao mesmo tempo em que nela se cumpria a profecia de Simeão, associada a todo o Mistério, que se consumava pela morte de Jesus, inaugurava essa perpétua compaixão da Igreja que viverá sempre transpassada pela espada até a consumação dos séculos. Ela inaugurou, mas também preencheu toda medida e ainda a transbordou.

A Igreja é sabedora de tudo isso, e essa é a razão por que, instintivamente, faz tudo passar pela Virgem. Ela 'se refugia sob sua proteção' [...] Nela, adornada com os atributos da compaixão, chega gloriosamente à perfeição o 'sacerdócio real' de todo o povo de Deus"[12]. No coração puríssimo da Santa Virgem se abraçam: o céu pela glória do Pai; a comunhão de sentimentos com o Filho e o amor de compaixão por toda criatura. Assim a coluna da intercessão passa por Ela quando começa e quando termina no céu, de onde Jesus Cristo intercede diante do Pai como sumo sacerdote da nova Aliança.

Essa intercessão plena, santa, maternal e santificadora é participada e exercida pela Igreja. É função do sacerdócio ministerial na celebração litúrgica e é própria também do sacerdócio espiritual de todos os fiéis, na celebração e fora dela.

---
11. Ibid.
12. H. de Lubac, op. cit., 268-269.271.

No diário da Irmã Celina do Menino Jesus, uma clarissa madrilena que se santificou no convento Anunciada de Villafranca Del Bierzo, encontramos indícios de como ela chegou a celebrar e viver a mística do sacerdócio dos fiéis na Igreja. Sob o conselho de seu diretor, Pe. Mariano de Vega[13], chega a viver um rito original no segredo da oração:

> Chegada a noite fiquei em oração dentro da cela até que, apagadas todas as luzes e recolhidas as religiosas para o descanso, levando comigo o livro da Ordenação e um devoto quadro da Santíssima Trindade e Maria Imaculada, bem devagarzinho, silenciosamente, fui ao coro, que felizmente estava vazio.
>
> Depois de adorar profundamente os Três [...] peguei o livro em minhas mãos para começar entre os cortesãos do céu o rito de ordenação sacerdotal mais original que os anjos presenciaram até então [...] apoiada na obediência, comecei a ler com atenção a longa cerimônia. Então pareceu-me ver diante de mim o sumo e soberano pontífice, Jesus Cristo, que com o Pai e o Espírito Santo (cuja presença igualmente sentia) ia dizendo as orações e reproduzindo em mim, em sentido místico e figurativo, as cerimônias, tal e como se faz na ordenação dos presbíteros.
>
> [...] Em seguida o sumo sacerdote, Cristo Jesus, ungiu minhas mãos com o óleo santo do Espírito, e Maria as atou com o pano branco da penitência, ordenando-me ao mesmo tempo que sujeitasse meu corpo com suas paixões e inclinações mediante a mortificação. Recebi depois das mãos do próprio Jesus um cálice de amargura que eu teria de apurar até as fezes[14], e a hóstia da oblação em que todo o meu ser havia de converter-se pelas almas sacerdotais. Aceito por mim o sacrifício voluntariamente e feita a oferenda dele por Maria à adorável Majestade de Deus, Uno e Trino, as divinas Pessoas me marcaram e receberam uma vez mais como Vítima do Sacerdócio. Comunguei espiritualmente e em seguida fiz minha profissão de fé, rezando em voz alta o Credo que foi um dos momentos para mim de mais emoção.

---

13. O famoso capuchinho, Pe. Mariano de Vega, foi uma das figuras marcantes que, junto com o dominicano Pe. Juan Arintero, promoveu a mística na Espanha na primeira metade do século XX.

14. Irmã Celina certamente padeceu muitíssimo e com paciência e alegria exemplares. Morreu minada por um câncer aos 52 anos.

[...] o Espírito Santo me preencheu de suavidade e alegria... ficando para sempre constituída para Eles sacerdotisa mística[15].

Aqui estão alguns traços de como uma contemplativa tomava consciência da grandeza do sacerdócio espiritual dos fiéis. Como São Francisco, ela gostava de representar o que experimentava interiormente. Vestiu-se da estola mística e viveu oferecendo orações, sacrifícios, a vida toda, no altar do coração. Oblação escondida, incessante, identificada com o Senhor, que desejava continuar no céu:

> Depois de minha morte serei o anjo da guarda de meus sacerdotes; não duvido! Descerei trazendo-lhes as graças do seio de meu Pai celestial e levarei até ele suas orações e sacrifícios. Disse que me chamem a seu lado![16]

A intercessão na Igreja é ministério sacerdotal na celebração litúrgica. É sacerdócio espiritual de todos os batizados, particularmente encomendado aos contemplativos. Vive-se na Liturgia e também fora dela em todo o tempo e lugar. Em todo caso o Mediador diante do Pai é o Senhor ressuscitado.

Os anjos das igrejas sobem e descem pela escada secreta da noite. A chama que aquece e ilumina na coluna da intercessão sobe ardendo sem descanso... "Se encontrei graça aos teus olhos, ó meu Senhor, que se digne o meu Senhor de caminhar conosco [...] e aceita-nos como tua herança" (Ex 34,9).

Recolhem, os anjos da intercessão, as súplicas dos que em virgindade consagrada oram noite e dia pelos interesses do Reino.

Recolhem a prece que se eleva no seio das famílias cristãs.

Recolhem as lágrimas dos que em sua solidão forçada "velam com Cristo" em viuvez.

Recolhem tantos suspiros das pessoas de boa vontade, tantos clamores dos que vagam nas trevas.

---

15. Irmã Maria Celina do Menino Jesus, Relación autobiográfica III, c XIII, 3 de junho de 1944. Caderno 8 mss, in M. Victoria Triviño, *La Santa Cima, Sor M. Celina Del Niño Jesús, Clarisa (1910-1962)*, Madrid, Centro de Propaganda, 1998, 210-212.

16. Ibid.

Recolhem o gemido da criação quando se reflete no cristal das almas.

Levo tudo em mim, o céu e o abismo,
o assombro e a névoa, a areia e a torrente,
a estrela em sua pureza, a treva e sua espada,
o trino e a esperança, os sonhos do trigal,
a ferida do ocaso, a aurora sempre nova,
os frutos que a espera do inverno nutriu,
o verdor que me acende, o ouro do outono,
a infância que perdi, e ainda arde em suas cinzas,
as brasas do Éden, a saudade do rio,
o cume que ainda me chama como horizonte e águia,
a rosa e o diamante que me farão chama eterna,
a chuva e o oceano que nunca sondei,
a luz da palavra que o silêncio pronuncia,
a ilusão, sombra fugaz, a eternidade crescendo.

Levo tudo em mim, céu e abismo.
¡Mortalidade, vazio todo cheio![17]

---

17. Marcos Rincón Cruz, OFM, *Certeza (1988-1994)*, Murcia, Publicaciones Instituto Teológico Franciscano, 1995, 124.

Intercessão na Sagrada Liturgia

O Senhor disse: *"É preciso rezar sempre e nunca desanimar"* (Lc 18,1). A Igreja escuta e obedece à Palavra ao longo dos séculos. Põe em marcha um relógio litúrgico ritmando as horas do dia e da noite, do tempo rápido e brilhante sob o sol e do tempo que transcorre silencioso e pausado sob as estrelas. Ritma as semanas, os meses e os anos, cobrindo a terra de orações, súplicas e louvores, oferecidos a Deus sem interrupção, *"por Cristo, com Cristo e em Cristo"*.

Na liturgia é o culto sagrado de oração que a Igreja oferece a Deus para adorá-lo, louvá-lo e dar-lhe graças, também para pedir-lhe o pão de cada dia. O eixo de oração contínua da Igreja é a Liturgia das Horas, santificando o curso do dia e da noite. O centro é a celebração da Santa Missa. Em uma e em outra há um momento em que se eleva a oração oficial de intercessão. Trataremos dela brevemente, apresentando apenas alguns aspectos para salientar seu valor, já que é a forma mais usada.

Oração dos fiéis

Na Santa Missa é o celebrante que convida o povo a orar em uníssono, em ladainha ou apresentando súplicas universais. Imploramos piedade antes de celebrar os mistérios sagrados. Rezamos juntos o Pai-nosso pedindo que venha a nós seu Reino, sua Glória, sua Vontade; que nos dê o pão, o perdão e a proteção.

Quando a assembléia é alimentada com o Pão da Palavra, Palavra proclamada nas leituras e Palavra explicada na homilia, a luz ilumina as mentes, e os desejos santos movem o coração. Nesse momento o celebrante convida a assembléia a expressar súplicas de intercessão. É o que chamamos *Oração dos fiéis*, ou seja, dos batizados que exercem sua intercessão sacerdotal como povo de Deus.

A oração dos fiéis tem *seu lugar* assegurado na celebração.

A oração universal aparece como o final da liturgia da Palavra e como o limiar da eucaristia propriamente dita. Situada após a despedida dos catecúmenos, constitui um privilégio dos fiéis, o qual destaca seu caráter sacerdotal. Apresentar a Deus os gritos de chamamento e esperança de toda a humanidade é compartilhar a solicitude do sacerdote da nova aliança, que deu sua vida pela salvação do mundo, e é participar na missão. Podemos dizer que é como a outra cara da evangelização, já que falar dos homens a Deus não pode se separar de falar de Deus aos homens[1].

A súplica dos fiéis é *universal*, tem *sua estrutura* dentro da celebração. "Cabe ao sacerdote celebrante dirigir estas súplicas, convidando os fiéis à oração com uma breve admoestação e concluir as preces."[2] Um diácono ou outra pessoa enuncia as súplicas, nunca se dirigindo diretamente a Deus, e toda a assembléia se une com uma invocação depois de cada intenção. As invocações também guardam uma ordem: pelas necessidades da Igreja; pelos governantes e pela salvação do mundo; pelos oprimidos por determinadas dificuldades; pela comunidade local; por outras necessidades[3].

Essa intercessão de alcance universal, lançada em meio à assembléia litúrgica do Senhor Ressuscitado, é a mais poderosa. Pede aos fiéis *uma atitude de fé e comunhão* no exercício de seu sacerdócio espiritual. Vale a pena cuidar desse momento unindo-se às intenções que são apresentadas ao Senhor e respondendo com vigor de espírito à invocação de súplica que as vai selando.

---

1. A. G. Martimort, *La Iglesia en oración. Introducción a la Liturgia*, Barcelona, Herder, 1987, 381.
2. *Ordenación general del Misal Romano*, II, 47, Madrid, BAC, 1969, 121.
3. Ibid.

As orações

A Liturgia das Horas celebra os louvores a Deus. O tom do louvor, cânticos e hinos, não impede nela um lugar para o pedido, *as orações*. Inspirando-se na exortação paulina para elevar pedidos e súplicas por todos os homens e pelos que têm autoridade para gozar de uma vida tranqüila (cf. 1Tm 2,1-4), a Igreja adotou um ritmo de intercessão desde o amanhecer até o cair da tarde. A oração de Laudes está aberta à missão e à esperança consagrando a Deus o dia que começa. A de Vésperas aquieta-se na ação de graças e não esquece de pedir pelo descanso eterno dos mortos[4]. As horas menores, Matinas e Completas, não têm orações.

Entre as *orações* das Horas e a *oração dos fiéis* da Missa há importantes diferenças. Em uma e em outra a súplica alcança seu máximo valor sacro e representativo, como exercício do sacerdócio espiritual do povo de Deus. No entanto, enquanto as orações de Laudes e Vésperas ser dirigem diretamente a Deus, na Missa se enunciam, pois só o celebrante as conclui invocando Deus diretamente. A estrutura dos pedidos é semelhante; ora, enquanto na Missa as invocações devem ser formuladas com alcance universal, as orações de Laudes e Vésperas admitem a inserção de intenções particulares. Na Missa são simples oração de súplica, enquanto as orações de Laudes e Vésperas incluem uma parte importante de confissão: reconhecimento da glória de Deus e proclamação de nossa fé, que funda a esperança de ser atendidos[5].

As orações das Horas oferecem uma oportunidade privilegiada para apresentar, "por Cristo, em Cristo e com Cristo", intenções tanto universais como particulares. Por ser oração oficial da Igreja é o lugar em que as preces têm mais força.

Poder da assembléia litúrgica

No livro dos Atos dos Apóstolos (4,23-31) encontramos várias formas e momentos de oração de intercessão, algumas no am-

---
4. Cf. *Ordenación General de la Liturgia de las Horas*, XI,179-193.
5. Cf. *La nueva ordenación general de la Liturgia de las Horas*, Secretariado Nacional de Liturgia, Subsidia Litúrgica, 12, Madrid, 1971, 42-43.

biente da assembléia litúrgica. Queremos recordar uma, particularmente impressionante, que provocou a efusão do Espírito com tal força que fez o lugar tremer.

A perseguição assomou no horizonte da comunidade judeocristã de Jerusalém. O Sinédrio esteve a ponto de condenar Pedro e João. Por fim, maravilhados os magistrados pela coragem com que falavam, e graças à sábia intervenção do rabi Gamaliel, lhes deixaram em liberdade, ainda que lhes proibindo de anunciar o Nome de Jesus.

Assim que os apóstolos se viram livres, dirigiram-se à casa onde podiam encontrar "os seus". Tinham pressa para contar-lhes tudo o que havia acontecido: como a promessa do Senhor havia sido cumprida, pois, não tendo preparado sua defesa, o Espírito tinha posto palavras em sua boca. Deviam comunicar-lhes a proibição na qual lhes ia a liberdade e a vida.

Encontraram os irmãos reunidos em assembléia litúrgica. Não há a menor dúvida, pois assim dá a entender tudo o que são Lucas anota de suas orações nesse momento, como uma liturgia da palavra. Oram com salmos que recitam "todos juntos" (At 4,24-26). Em seguida interpretam o Sl 2,1-2 a partir dos sucessos imediatos, como homilia, fazendo uma releitura a partir de sua situação (At 4,27-28). Por fim elevam súplicas, ao menos duas invocações no mesmo salmo, uma grande oração de toda a assembléia, "*ajuda teus servidores...*"

> *E agora, Senhor, presta atenção às suas ameaças, e ajuda teus servidores a anunciarem a tua palavra desassombradamente. Ao mesmo tempo, estende tua mão para que se realizem curas, milagres e grandes prodígios em nome de teu santo "servo" Jesus* (vv. 29-30).

Tão efetiva, tão poderosa foi a oração da assembléia, que num instante se renovou sobre eles a infusão do Espírito:

> *Quando acabaram de fazer a oração, o lugar onde estavam reunidos tremeu. Todos ficaram cheios do Espírito Santo e começaram a anunciar corajosamente a palavra de Deus* (v. 31).

A efusão foi tão profunda, tão incontrolável e violenta quanto um terremoto. Não é a única vez em que na Bíblia se usa essa comparação para expressar uma experiência interior. A comoção do terremoto abre profundas valas na terra seca, altera o cimento do edifício, descobre o oculto, atira à terra a torre edificada sobre a areia.

A suavidade ou a força com que se experimenta a efusão desse Santo Espírito depende da disposição de quem a recebe. Sobre Jesus, o Senhor, desceu com suavidade semelhante ao vôo de uma pomba. Sobre os apóstolos, abatidos e inseguros na manhã de Pentecostes, irrompeu como vento impetuoso, um furacão que abriu as portas e janelas de sua alma. Sobre os discípulos, possivelmente temerosos diante das primeiras perseguições, chegou como um terremoto. O Espírito removeu seus temores, preconceitos e expectativas, porque o horizonte do plano de Deus era maior que sua mentalidade religiosa presa a lugares e costumes. Cada um foi fortalecido, e todos se encontraram concordes no impulso de um mesmo Espírito.

Aconteceu assim nos inícios da Igreja, e os apóstolos saíram a pregar com coragem apoiados pelo Senhor com "sinais e prodígios". E os discípulos deram testemunho ainda que nele tenham perdido a vida.

Volta a acontecer em qualquer tempo. Acontece agora quando se reza "em Nome de Jesus". O Senhor prometeu: *"e o que pedirdes ao Pai em meu nome eu farei, para que o Pai seja glorificado no Filho. Se me pedirdes algo em meu nome, eu o farei"* (Jo 14,13-14). Se o Pai nos provê de tantas coisas *"quanto mais vosso Pai do céu dará o Espírito Santo aos que o pedirem!"* (Lc 11,13).

Era o tempo do Advento que passa e volta enquanto se tecem os meses, os anos, os séculos de graça na Igreja. Era um dia como outro qualquer, nos últimos anos do século XIII. No mosteiro de Helfta (Saxônia) se proclamava, durante a Missa, um texto do Livro da Consolação de Isaías: *"Desperta! Desperta! De pé, Jerusalém!"*.

Santa Gertrudes compreendeu, viu como as palavras proclamadas se cumpriam, na Igreja militante. Os fiéis estavam despertando, muitos se levantavam. A santa foi tocada por aquelas palavras e registrou sua inspiração neste trecho:

Por estas palavras de Isaías: *Desperta! Desperta! De pé, Jerusalém!* (Is 51,17), compreendi também o fruto que a igreja militante recebe da piedade dos justos. Porque, com efeito, quando uma alma enamorada se volta para o Senhor com todo o seu coração e com inteira vontade, para tomar satisfação, por completo, com muita energia, se lhe fosse possível, todas as ofensas feitas contra Deus em detrimento de sua glória e, assim, abrasando-se na oração com chamas de amor, mostra a Deus sua ternura, tanto fica ele aplacado, que às vezes perdoa toda humanidade, reconciliando-se com ela. E isso é o que querem dizer as palavras: *"tu que bebeste da mão de Javé a taça de sua cólera!"* (Is 51,17). Porque por esse meio a severidade da justiça se transformou inteiramente na serenidade da misericórdia[6].

A assembléia dos justos, esposa que dorme e esposa que vela, reza unida em um só coração, e dá graças apurando a taça da salvação. A graça é derramada alcançando todas as taças.

Existem outras formas de intercessão comunitária, mediante exercícios de devoção, ou formas diversas de oração; cada uma há de ter seu tempo e todas são certamente louváveis. Mas seria um erro deixar de lado ou passar com pouca atenção a intercessão da celebração litúrgica, de onde toda a Igreja ora, para preferir formas particulares. Nenhuma alcança o poder da oração elevada a Deus no privilegiado ambiente da assembléia litúrgica. Pensamos na emoção que invade e surpreende a assembléia enquanto se eleva o cântico, na solenidade de Pentecostes. É um grito prolongado: Vem!

Vem, Espírito Divino,
manda tua luz do céu.
Pai amoroso do pobre;
dom, em teus dons maravilhoso;
luz que penetras nas almas;
fonte da maior consolação.

Vem, doce hóspede da alma,
descanso de nosso esforço,
trégua no trabalho duro,
brisa nas horas de fogo,
felicidade que enxuga as lágrimas
e reconforta nas lutas.

---

6. Santa Gertrudes, *Mensaje de la misericordia divina*, Madrid, BAC, 1999, 15.

Entra até o fundo da alma,
divina luz, e enriquece-nos.
Vê o vazio do homem
se tu lhe faltas por dentro;
vê o poder do pecado
quando não envias teu alento.

Rega a terra em sequeiro,
cura o coração enfermo,
lava as manchas, infunde
calor de vida no gelo,
doma o espírito indômito,
guia o que se desvia do caminho.

Reparte teus sete dons
segundo a fé de teus servos.
Por tua bondade e graça
dá ao esforço seu mérito;
ajuda ao que busca salvar-se
e dá-nos tua felicidade eterna.
Amém.

Olhando para a cruz, intercessão de perdão

"Agora, pois, vê se podes perdoar-lhes o pecado. Se não, apaga-me do livro que escreveste" (Ex 32,32), chegará a dizer Moisés comprometido diante de Deus pelo pecado do povo e comprometido diante do povo pela mais sensível ameaça de Deus: abandoná-los em sua rebeldia, deixá-los a sua sorte.

São Paulo não será mais cauteloso no desatino: "Gostaria de ser anátema por meus irmãos".

O clamor de Moisés avança, o de Paulo secunda o grito de Jesus na Cruz.

Interceder — do latim *intercedere* — é falar a favor de outro para conseguir-lhe um bem ou evitar-lhe um mal. Assim se define nas relações humanas. É fazer a mediação entre duas pessoas, pedindo a uma em favor da outra. Para ser um bom mediador é preciso ter um coração reconciliado e generoso.

Moisés

Moisés intercedeu muitas vezes por seu povo. Pediu uma ponte de terra seca para cruzar o Mar Vermelho, pediu água, pão e carne, pediu a presença e companhia, pediu o perdão. Sempre obteve favor.

Mas não só por seu povo. Um dia o Faraó do Egito disse a Moisés: *"Perdoai-me ainda esta vez o meu pecado"* (Ex 10,17). O

Mediador tem de orar pelo que oprime o povo e lhe fecha o caminho da liberdade.

> Moisés levanta as mãos formando um ângulo, com as palmas abertas para o céu, onde mora Deus. É um belo gesto de súplica, como quem estende a mão aberta em pedido de esmola; estendem-se as duas mãos, separadas e abertas: é o que Deus vê olhando de cima. Moisés fez isso e cessou a tormenta... Deus fez o que Moisés havia pedido. [...]
> Se Moisés está disposto a rezar, isso não se deve a um puro gesto humanitário em favor do Faraó mesmo; trata-se, antes de tudo, de buscar a honra e a glória do Senhor: *"para que saibas que não há outro como o Senhor, nosso Deus"*; para que reconheças que o Senhor é também soberano e dono de teu país. A oração está contemplada do ponto de vista e em função do prestígio e da glória de Yahveh, cuja grandeza o Faraó deve reconhecer. É uma maneira de orar, antes de tudo, para que os homens reconheçam a grandeza de Deus e santifiquem seu nome, sem que por ele se exclua o aspecto humanitário, que se situa em segundo plano[1].

O Faraó não era um cético, naturalmente era um homem religioso. Diante das pragas que o atingem, reconhece que o Senhor que os hebreus adoram, ainda que seja para ele um Deus estranho, se manifesta a ele como um Deus ofendido, que defende os direitos do povo que ele oprime. Por isso roga a Moisés: *"Perdoai-me ainda esta vez o meu pecado. Rogai a Javé, vosso Deus, para que tire de mim este flagelo mortal!"*(Ex 10,17). *"Também as vossas e o vosso gado, como dissestes, tomai-os e parti. E a mim, abençoai-me!"* (Ex 12,32).

O mediador escuta o opressor e estrangeiro, leva a súplica do Faraó à presença de seu Deus implorando o perdão da culpa e da pena. Pede-lhe que resplandeça a Glória de Deus.

> E é aqui que melhor se aprecia a dimensão humanitária da oração de Moisés. Porque não é pedido que Deus fulmine seu inimigo; o que Moisés pede a Deus é que retire as pragas e deixe em paz os opressores, estabelecendo uma distinção fundamental entre opressão e opressores, entre pecado e pecador, situando no âmago do desejo a própria glória de Deus[2].

---

1. Luis Alonso Schökel, *La misión de Moisés, Meditaciones bíblicas*, Santander, Sal Terrae, 1989, 86-87.
2. Ibid.

Deus, sempre compassivo e misericordioso, ouviu Moisés. O povo saiu da opressão para a liberdade, e os egípcios descansaram das pragas que os atormentavam.

Estêvão

A primeira intercessão cristã de perdão está nos lábios do protomártir Estêvão. Um de seus frutos mais preciosos e imediatos seria a conversão de um jovem chamado Saulo. O violento perseguidor que aprovava sua execução se transformaria em um eleito, apóstolo ardente até o martírio. Por que não nos determos para contemplar uma vez mais como aconteceu? É como um espelho.

Desencadeou-se a perseguição em Jerusalém contra os judeus helenistas que haviam acreditado em Jesus e invocavam seu Nome. Estêvão, o mais representativo da comunidade, foi preso e conduzido com violência diante do Sinédrio. Ali foi julgado. Mas antes de se concluir a sentença formal foi tão grande o tumulto que, agarrando-o, arrastaram-no para fora da cidade, e alguns começaram a atirar-lhe pedras.

Enquanto aconteciam essas coisas decretou-se a sentença contra Estêvão. A chegada de um jovem chamado Saulo ao lugar das execuções, com autoridade delegada pelos sacerdotes, deu forma legal à condenação à morte por apedrejamento. Foi Saulo quem aprovou o início da execução (At 8,1), por isso as testemunhas deixaram as vestes dele a seus pés, em sinal de respeito, antes de começar sua triste função de verdugos.

Estêvão estava de pé e rezou: *"Senhor Jesus, recebe meu espírito"* (At 7,59). A primeira testemunha lhe empurrou fazendo-lhe cair de costas por um precipício que devia ter uns três metros, "a altura de dois homens". Não morreu na queda. Teve forças para se ajoelhar e lançar um grito bem forte: *"Senhor, não os responsabilizes por este pecado!"* (At 7,60). Entrou em ação a segunda testemunha dando-lhe um empurrão que lhe fez cair de bruços, lançando depois uma grande pedra sobre suas costas para fazê-lo morrer por asfixia. As testemunhas já podiam recolher suas vestes. O jovem Saulo já podia dar passagem à ira do povo lançando tantas pedras quantas quisessem sobre o protomártir cristão. Estêvão já havia adormecido no Senhor. Assim se cumpriam os três passos prescritos para executar uma condenação à morte por apedrejamento[3].

A intercessão de perdão de Estêvão foi um grande grito: *"Senhor, não os responsabilizes por este pecado!".* Foi um grito poderoso como o de Jesus na cruz: *"Pai, perdoa-lhes, porque não sabem o que fazem"* (Lc 23,34).

É preciso perdoar e fazer as pazes com o inimigo enquanto se vai pelo caminho, antes de apresentar a oferenda no altar. Melhor ainda é ter um coração humilde e puro que não considere ninguém inimigo, nem veja ofensa tão grande que lhe falte ânimo para perdoar e esquecer.

"Aprendei a ser piedosos"

Há dois caminhos, há trigo e cizânia no campo, há dois irmãos na hora de sacrificar, Caim e Abel, há amores e abandonos, há graça e há ilusão enganosa.

> O Espírito Santo é amor, paz e doçura. O Espírito Santo ensina a amar a Deus e o próximo. Mas o espírito da *ilusão* é um espírito de orgulho; não perdoa nem o homem nem as demais criaturas, porque não criou nada. Atua como ladrão e raptor; seu caminho está semeado de ruínas.
>
> O espírito de ilusão não pode procurar verdadeira doçura, não causa mais que o ansioso gozo da vaidade; não há nele nem humildade, nem paz, nem amor; mas conduz à indiferença glacial do orgulho[4].

Há inimizades, litígios, desavenças, desamor... Do coração humano saem as flechas envenenadas da inveja, do ódio, do ciúme, manchando a veste da honra e da lealdade, de que toda pessoa necessita para viver entre seus semelhantes. Do coração humano sai a rejeição que nega aos irmãos o direito de ter um lugar

---
3. Cf. Josep Rius-Camps, *Comentari als Fets dels Apòstols*, v. II, col. Lectània Sant Pacià XLVII, Faculdade de Teologia de Barcelona, Herder, 1993, 116.
4. Arquimandrita Sofrônio, *San Silouan el Athonita*, Madrid, Encuentro, 1996, 93.

na casa. Do coração de pedra saem as palavras perniciosas de quem aproveita sua influência para menosprezar e fechar os caminhos dos que inveja.

Diante dessa ilusão enganosa do pecado/desamor, no tempo, não é estranho encontrar pessoas que dizem não querer ou não poder perdoar. Estão longe de rezar por seu inimigo, ou pelos inimigos dos que amam. No entanto, o perdão é pedra de toque do cristão. Quando falta perdão e reconciliação, o edifício desmorona. Em contrapartida, emociona e reconforta ver irmãos cristãos que, submersos uma vez ou outra no abismo da maior dor, perdoam com firmeza e doçura.

Aprende-se a intercessão de perdão olhando para a cruz. Jesus rezava por nós cobrindo-nos com sua compaixão, até a desculpa: *"Pai, perdoa-lhes, porque não sabem o que fazem"* (Lc 23,34). Quando o Pai ouviu sua prece, disse: *"Tudo está consumado"* (Jo 19,30). Caiu o muro da inimizade e brotou a paz até o céu. *"Pois ele é a nossa paz: de dois povos fez um só, derrubando a parede de inimizade que os separava [...] para estabelecer a paz [...] para reconciliar os dois com Deus em um só corpo por meio da cruz, desfazendo em sua pessoa a inimizade entre ambos"* (Ef 2,14-16).

Cada um, para formar de verdade um só corpo, tem de aceitar que o muro da inimizade já está derrubado. É uma ilusão perigosa obstinar-se em levantar esse muro, com pequenas pedras de razões e sem-razões, que sempre se reverterá em nosso prejuízo. Deus perdoa nossas ofensas como nós perdoamos aos que nos ofendem. Quem não perdoa fica só, ilhado pela fronteira desolada de suas queixas, razões ou ressentimentos.

Só resta olhar para os olhos de Jesus e escutar sua palavra: *"Pai, perdoa-lhes..."*. Em seguida fechar os olhos, levantar os braços da intercessão, por si ou pelos outros, e repetir uma e mil vezes com ele: *"Pai, perdoa-lhes, porque não sabem o que fazem"*. "Pai, perdoa-nos porque não sabemos o que fazemos."

Dizia o Senhor por meio de Santa Joana:

> Filhos meus, aprendei a ser piedosos e rogar pelos pecadores e não peçais justiça para eles, que também naquele mundo têm por cos-

tume dar mal por mal. E eu lhes mostrei que não fizessem assim, que ainda que eles o tinham por boa justiça, não o era, mas que dessem bem por mal que era maior justiça. E, amigos e filhos meus, eu não sou o Deus de vingança, mas de misericórdia. E para isso vim ao mundo e me tornei carne, para ser contínuo advogado e contínuo perdoador[5].

Devolver bem ao mal é a boa justiça, segundo o coração perdoador de Deus. Aprendê-la é dom de piedade.

Devem estar dispostos a rezar não só pelos que causaram dano, mas por toda criatura necessitada de perdão. O primeiro fruto da intercessão do perdão será a paz. Em seguida, o amor puro que cura feridas e restaura o que se magoou. A intercessão daquele que já não pode encontrar nenhum inimigo em sua rota será tão grande, tão generosa, quanto o amor do Pai que faz sair o sol sobre toda criatura sem pedir informação.

A glória de Deus resplandecerá no coração novo daquele que perdoa e daquele que é perdoado como o sol na neve da alta montanha.

> É de grande poder a oração assídua do justo. Elias era um homem sujeito, como nós, aos sofrimentos. Não obstante, orou fervorosamente para que não chovesse e, por espaço de três anos e seis meses, não choveu sobre a terra. Por fim, orou novamente, o céu fez cair chuva e a terra produziu o seu fruto. Meus irmãos, se um de vós estiver desviado da verdade e alguém o converter, saiba que, reconduzindo um pecador do caminho errado, salvará sua alma da morte e apagará a multidão dos seus pecados (Tg 5,16b-20).

---

5. *El Conhorte. Sermones de uma mujer*, Serm. 24, 24.

Intercessão solidária

São Francisco de Assis sentia grande compaixão pelos pobres, chegando até a identificar-se com eles: "seu espírito de caridade se derramava em piedoso afeto sobre homens que passavam necessidade". E como gostava de representar exteriormente, com gestos, poemas e atitudes, os sentimentos que interiormente o animavam, apressava-se em carregar seus fardos. "Por isso, se se encontrava com pobres que carregavam lenha ou outro peso, para ajudá-los o carregava em seus ombros."[1]

O intercessor, como o irmão Francisco, se sente movido a tomar sobre seus ombros a carga que abate seus irmãos, a levar o peso de suas penas e fadigas. Sente-se solidário com toda a humanidade, na qual está incluído. A violência, a arrogância e os pecados, as debilidades, enfermidades e penas, nada lhe é estranho, porque em seu próprio coração conhece essas raízes amargas.

Conta-se do rabi de Sasov que:

> Sempre que via alguém sofrer física ou moralmente, se condoía com tanto fervor que a pena do outro se convertia em sua própria pena. Uma vez alguém expressou sua surpresa diante dessa capacidade de compartilhar o sofrimento alheio.
> Que quer dizer isso de compartilhar? — disse o rabi —. É minha própria pena, que posso fazer senão sofrê-la?[2]

---

1. Tomás Celano, *Vida primera*, 76-77. *San Francisco de Asís, Escritos, Biografías. Documentos de la época*, Madrid, BAC, 1978, 188.
2. Martín Buber. *Cuentos jasídicos* I, Barcelona, Paidós, 1990, 58-59.

As companheiras de Santa Clara de Assis contavam que ela lavava os pés das irmãs e os beijava; que quando alguma perseverava obstinada, vítima da tristeza, confusão ou tentação, ela se jogava a seus pés e lhe suplicava com lágrimas.

As alegrias e as penas, os júbilos e os terrores dos irmãos, das famílias, da Igreja, dos países não estão fora, todos cabem na alma do intercessor.

Algumas vezes não há palavras... as palavras dos homens ficaram desbotadas, gastas, muito pequenas e frágeis para expressar a necessidade. Que dizer? Como implorar a Deus as misericórdias que o mistério sonda?

No pó e na cinza

Quando o intercessor se sente pó e cinza, prostra-se carregado com o pecado do mundo (Jo 1,26), inclina-se sob o peso de todas as dores e sofrimentos, noites e abismos que intui, permanece em silêncio diante do Pai, permanece...

A rainha Ester vestiu-se de luto, jejuou e cobriu-se de cinzas diante da ameaça de morte que acercava seu povo. Clara de Assis tirou o véu, cobriu-se de cinzas e em seguida derramou cinzas sobre a cabeça de cada uma de suas irmãs iniciando assim um tempo de jejum e oração para livrar a cidade de Assis do assédio do inimigo. A intercessão de Ester diante do rei salvou seu povo. A intercessão de Clara diante do Senhor salvou a cidade de Assis.

É uma sensação global da dor, da desolação, do pecado, do que Santa Margarida de Cortona denominava "o vício inominável":

> E tanto quanto seus pecados, chorava amargamente os dos outros, os pecados de todos, pois os somava aos seus como causadores da paixão e morte de seu amado Jesus, e recordá-lo lhe produzia tamanha dor que se tornava lívida, como a ponto de morrer. [...] É o pecado dos ligados pelo casamento, e que o usam tão pecaminosamente que teria de chamá-los não cônjuges, mas adúlteros; e a vaidade das modas, em vestidos e outros adornos, ocasião e fruto de olhares e desejos obscenos; e os governantes sofistas, que agem sem honra e não buscam mais que acumular dinheiro; e os notários que

falsificam testamentos; e os políticos que aparentam procurar o bem comum e procuram o bem de seus familiares e amigos, comprometidos com eles. E um grande *et cetera*, em que se diria que não há ofício sem vício que desvelar e fustigar: advogados, comerciantes, trabalhadores... e quantos vivem na inveja, ou para o desamor ou para o ódio... Todo esse cúmulo de mal produzia lamentos nos lábios de Cristo e horror e lágrimas no coração de Margarida[3].

Com esse sentimento do "vício inominável", convive no coração de Margarida uma assombrosa presunção de inocência para com toda criatura. Sobre ela escreve seu confessor, frei Giunta: "Havia chegado a tal inocência que se fazia inacreditável para ela que houvesse no mundo alguém que quisesse ofender a Deus por algo, seja por palavra, seja por obra, seja pelo coração. E perguntava: Pode haver alguém que se atreva a ofender um Criador tão bondoso?"[4]. Quem esteve um tempo agoniada no abismo do pecado intercede agora na cruz, unida ao Cordeiro de Deus que tira o pecado do mundo, e clama com desculpas pelo pecador.

Depois de permanecer longamente prostrado em fé e caridade, o intercessor sai à frente do povo, e lhe brilha o rosto banhado pela esperança. Com alegria dá graças a Deus pelo bem que vislumbra. Sabe que a única oração que se perde é a que não se faz. A intercessão sempre termina em esperança.

Os chamados a essa forma de interceder, solidária até o mais profundo de seu ser, sofrem algumas vezes perturbações, desânimos, provações, aflições cuja origem não reconhecem dentro de si. São sofrimentos solidários para ajudar as outras pessoas nas quais algum dia se vêem os frutos. Hans Urs von Balthasar explica essa experiência por uma espécie de osmose que se dá na Igreja.

> Igualmente é possível, e amiúde muito real, em virtude da dimensão eclesial da contemplação, que o orante receba sabedoria. Mas também que experimente e gere circunstâncias, sofrimentos, dificuldades, que não estão pessoalmente destinados a ele, mas a um número desconhecido de pessoas — orantes ou não —; ou também a um indivíduo muito concreto, ao que pela aceitação do destinado a ele

---

3. Daniel Elcid, *Gran Pecadora. Gran Santa. Margarita de Cortona*, Madrid, ABL. Ed., 1993, 167-168.
4. Ibid., 153.

deve prestar-lhe algum socorro: por exemplo, suportando bem o que tocaria ao outro suportar por direito como penitência e que agora o orante suporta com alegria e entusiasmo; aceitando bem um conhecimento ou realizando uma experiência espiritual concreta em seu nome, cujo fruto espiritual se comunica a ele por uma forma osmótica possível e válida na Igreja[5].

Aqueles que não tendo experimentado esses mistérios de comunhão costumam dar conselhos com superficialidade, sempre lhe dirão que sofre para sua própria purificação. Na realidade, um intercessor pode discernir. Sabe quanto sofre por sua imperfeição e quanto sofre por com-paixão, para carregar o fardo do pobre, para fortalecer o fraco, para iluminar o que se sinta nas sombras, para alentar o cansado, para consolar o abatido, para levar um pouco de esperança ao desesperado. Intercede com amor em forma de sofrimento, ou de inquietude, ou de lágrimas, a partir de uma profunda comunhão de fé e amor nos mistérios de dor de Cristo Jesus, Senhor nosso. Bem sabia disso a mística passionista imersa em seu sofrer solidário:

> Na sequidão e frialdade da alma, na falta de afetos sensíveis (é inútil dizê-lo), que há de fazer uma passionista? Correr à água e ao fogo; ao fogo do amor, ao mar de dor. A Paixão de Jesus é para ela, de modo especial, onde arde esse fogo para que possa cumprir sua dupla missão de sensibilizar, inflamar e enriquecer com bens sua alma e a de todos[6].

Por vossa caridade

A entrega de si, a mediação intercessora, nem sempre é dolorosa. O importante não é o sofrimento, mas a chama do cuidado que arde no coração. O Senhor ensinou a Santa Catarina de Siena, na intimidade de sua alma, a piedade de satisfazer a si e os outros por caridade, já que o amor é dom de Deus.

> Sofre tu e os outros servos meus, com verdadeira paciência, dor da culpa e amor à virtude, pela glória e pelo louvor de meu nome. Agindo

---

5. Hans Urs von Balthazar, *La oración contemplativa*, Madrid, Encuentro, 1988, 63.
6. M. Madalena de Jesus, *La mística del amor*. Selección de textos de A. M. Artola, C. P. Madrid, BAC, 1998, 172.

assim ficarão satisfeitas tuas culpas e a dos outros servos meus, de modo que as penas que haveis suportado serão suficientes, por meio da virtude da caridade, para satisfazer e merecer o prêmio para vós e para os outros. Para vós: uma vez apagadas as manchas originadas por vossa ignorância, recebereis pelos sofrimentos o prêmio da vida, e já não me lembrarei mais de que me haveis ofendido; para os outros: pelos mesmos sofrimentos darei o que se tenha satisfeito por vossa caridade e vosso afeto, e o darei em conformidade com a disposição com que o recebam.

Encontro-me obrigado a fazê-lo pela inestimável caridade com que os criei e pela oração de meus servos, pois não menosprezo as lágrimas, os suores e a oração humilde, mas os aceito, porque sou eu mesmo que os faço doer-se do dano das almas[7].

Em uma ocasião, a mesma santa, tendo orado insistentemente com muitas lágrimas e sentimentos por uma pessoa, deu graças com estas alegres palavras de vitória:

Oh! Amor, amor! Eu te venci com teu próprio amor! É tua vontade que te peça com ardentes rogos o que tu só por ti mesmo pode fazer por tua livre benignidade[8].

Eis aqui uma forma de sofrer, com espírito de intercessor, pela dor da culpa, pelo amor à virtude e, em definitivo, pela glória de Deus.

Mas nem sempre a oração deve ser necessariamente dolorosa, o que vale é o amor, que pode-se expressar-se até em uma dança.

Santa Gertrudes pensou certa vez que devia padecer para alcançar a graça. Num colóquio ela fala de oferecer sofrimentos, e o Senhor lhe ensina a interceder com oração e obras de amor:

Dá-me compreender, Senhor Deus, a reparação que mais te agrade diante de qualquer ofensa, que, ainda que houvesse de gastar todas as minhas forças, de muito boa vontade eu a procurarei cumprir para louvor e glória de teu amor.

Compreendeu então que o Senhor aceitava que se recitassem duzentos e vinte e cinco pais-nossos em honra de seus sagrados membros e que se fizessem tantas obras de caridade para com o próximo, em reverência ao que ele disse: *"Cada vez que fizestes isso a um dos*

---

7. Santa Catarina de Siena, El diálogo, in *Obras...*, Madrid, BAC, 1980, 60-61.
8. Ibid., *Oraciones*, 527.

menores desses meus irmãos, a mim o fizestes" (Mt 25,40), e em união àquele amor pelo qual Deus se fez homem[9].

Duzentas e vinte e cinco obras de caridade! O amor pôs preço em obras de amor. Assim a santa o compreendeu. Sua oferenda foi também a oração vocal, com o Pai-nosso que contém o pedido perfeito: teu Nome, tua Glória, tua Vontade... o pão, o perdão e a proteção.

Dom de si na intercessão

A intercessão chega a comprometer a vida e, quem dera, ir mais além da morte. A intensidade do amor de Deus, do cuidado de sua glória, transforma a vida em oferenda. Quando chega aos lábios, se expressa em aspirações ardentes, sai como uma grande torrente até o heróico, até o absurdo de pedir a condenação para que os outros se salvem.

Santa Catarina orava pelo papa de cuja decisão dependia o término do cisma. E punha seu corpo para ser abrasado, seu sangue para ser derramado, seus ossos para ser quebrados:

> Bondade eterna: não olhes as culpas cometidas por nós quando nos distanciamos de tua incomensurável bondade e afastamos nossas almas de seu próprio fim. Mas te rogo, por tua infinita misericórdia, que abras os olhos de tua clemência e piedade. Olha tua única esposa e abre os olhos de teu vicário na terra para que não te ame olhando-se a si mesmo, nem se ame a si mesmo, mas pelo que tu és. Se se olhar a si mesmo, todos pereceremos, pois ele é nossa vida e nossa morte, já que tem cuidado de nos recolher, ovelhas que perecemos. Mas se ama em atenção a ti, por ti mesmo, nós vivemos, porque recebemos exemplo de vida por meio do bom pastor. [...]
>
> Tenho um corpo. Dou-te-o e ofereço. Eis aqui a carne, eis aqui o sangue. Se é tua vontade, peço-te que se abrasem e destruam meus ossos por aquele a quem te encomendo. Faz com que os ossos e a medula deles sejam triturados por teu vicário na terra, único esposo de tua esposa. Rogo que te dignes escutar-me: que teu vicário cumpra tua vontade, a ame, a observe, para que não pereçamos. Dá-lhe um novo coração que continuamente aumente em graça, forte para segurar o tronco da cruz, para que os fiéis participem, como nós, do

---

9. Santa Gertrudes de Helfta, *Mensaje de la divina misericordia*, Madrid, BAC, 1999, 111.

fruto da paixão e morte de teu Filho unigênito, Cordeiro imaculado, oh! eterna, inefável e alta Deidade!¹⁰

Irmã Celina do Menino Jesus, uma clarissa contemporânea, oferecia algo tão sensível quanto os olhos e toda a vida:

> Oh! meus três amoríssimos, em união da Divina Vítima... por meio de minha Mãe imaculada e teu ministro, te ofereço minha vida em qualidade de vítima e de hóstia viva sacerdotal.
> Entrego-te minhas dores físicas e morais; meus pequenos sacrifícios, trabalhos, lutas, privações e esforços por me fazer santa; meu corpo e minha alma, meu ser inteiro e até a luz de meus olhos (se é que queres apagá-los), por teus sacerdotes...¹¹.

Contemporânea de Irmã Celina é a passionista M. Madalena¹², que sonhava comover céu e terra levando em sua carne a paixão do Senhor:

> Mas não somente quero comover enquanto viver, quisera sê-lo também depois de minha morte, e isso de um modo especial. Se Jesus escutasse meus desejos, se são bons os anseios que ele mesmo põe em meu coração, quisera comover o mundo, comover as almas. E se me fosse possível e conviesse à glória de Deus, comoveria o céu e a terra, porque tudo, tudo deve concorrer para glorificar ao Criador [...] Eu quisera acender esse fogo em muitos, em todos os teus ministros, porque nas zonas de missão e em nossas terras se necessita dessas almas arrebatadas e arrebatadoras, que ardem e fazem arder. [...] Quero ir junto a todas as almas espalhadas pelo mundo, boas mas indecisas, flutuantes e sem apoio, meio do mundo e meio de Deus...

Para oferecer, não lhe bastam as dores e penas desta vida, oferece até o tributo da morte: "Tudo aceito e quero para dar a meu Deus esta satisfação, pagando este tributo de justiça"¹³.

A intercessão que continuamente é vivida no seio da Igreja, como dom de si mesmo pelos que estão longe e pelos que estão perto, é uma corrente secreta e vivificadora, misteriosa mas real.

---

10. Santa Catarina de Siena, Oraciones, op. cit., 447.
11. Irmã Celina do Menino Jesus, Diário, 2/8/1948, in M. Victoria Triviño, *La Santa Cima...* 252.
12. Irmã Celina morre em Villafranca del Bierzo no ano de 1962. Irmã Madalena morre no ano de 1960.
13. M. Magdalena de Jesus, op. cit., 59-63.

De ordinário se considera o mérito de orações e sofrimentos alheios, de uma maneira muito anódina e sacramental, como "tesouro universal" da Igreja; muito pouco se pondera até que ponto a Comunhão dos Santos influi também pessoalmente na contemplação, com uma intervenção pessoal não avistada[14].

O "tesouro universal", a reserva da intercessão na Igreja, tem corpo passível e corpo ressuscitado, tem coração de carne e coração de Deus, tem rosto, muitos rostos que velam implorando a graça. No rosto de Jesus podem ser encontrados os rostos de todos os seus irmãos.

Não me tires a chaga
nem a espada;
bebe o sangue de minha fera ferida
e crave mais a lança em minhas costas
até que brote água.

Não me tires a chaga
que supura o cantar, nem a fenda
onde encerro sementes;
aperta mais a ferida
até que saia sangue.

Senhor, tu vês e sabes
que ferido estou;
respiro pelas gretas desta árvore
onde nasce o galho,
o raio quebrou os carunchos.

Põe-me mais fundo a penedia
onde verdeja maio e a primavera;
escava na terra com as unhas
a praia, minha areia.

Petrifica, afunda, assim
mais o terreno;
e semeia-o em dor, em chagas verdes
que são teu arpão seguro
para redes repletas[15].

---

14. Hans Urs von Balthazar, op. cit., 71.
15. V.T., ofm. Oí tu cantar. Anos 1961-1991. Mss, Oración, 67.

Ver em Deus

A intercessão é exercício do maior dos carismas, o amor. Significa uma atitude de benevolência para com toda criatura ao tomá-la nos braços da oração e apresentá-la ao Senhor seu Deus e criador. O coração deve estar moderado, em completa harmonia, para não excluir ninguém, para não desconfiar de nada, para não ultrapassar o limite da humanidade e ao mesmo tempo gerar uma confiança tão grande quanto poderosa na vontade santificadora do Espírito.

Na vida dos intercessores há um marulho misterioso. O intercessor busca a Deus para abandonar sua súplica no oceano da misericórdia; e Deus busca o intercessor como as ondas golpeiam as pedras que vivem à beira-mar.

Um dia, na montanha da oração, Deus desabafou claramente com Moisés e lhe informou sobre o que estava acontecendo. O povo havia quebrado a aliança. Cansados de acampar no deserto haviam feito um bezerro de ouro. Já não seria necessário esperar a ordem do Senhor para acampar ou empreender a marcha, eles mesmos conduziriam o bezerro levando-o adiante segundo seus desejos. Deus mesmo alertou Moisés. Na solidão dos cumes do Sinai, o orante viu seu povo em Deus e ouviu a voz: *"Desce, pois o teu povo se perverteu, este povo que fizeste subir da terra do Egito. Não demoraram em se desviar do caminho. [...] E agora, deixa-me agir: que minha cólera se inflame contra eles. Vou eliminá-los. E farei de ti uma grande nação"* (Ex 32,7ss).

[E agora, deixa-me...] Equivale a dizer: com este povo indômito e inquieto não posso realizar meu desígnio histórico; deixa-me arrasá-los, Moisés, e começarei de novo outro povo nascido de ti. Como pode Deus pedir permissão a Moisés? Quem é que faz Deus disponível: o homem ou ele mesmo? [...] Moisés vive em uma atmosfera intensa de oração, e nesse clima é capaz de escutar sussurros e distinguir matizes. É um jogo sutil: Deixa-me, ou seja, não me deixes; podes deixar-me e podes não me deixar, mas espero que não me deixes; em tuas mãos ponho a decisão. [...] Moisés captou a vibração sutil desse "deixa-me" e aplaca o Senhor dizendo: "Por que, Senhor, tua cólera quer se inflamar contra o teu povo, que fizeste sair da terra do Egito, com grande poder e mão forte?"[1].

Às vezes os intercessores conhecem, a partir da montanha da contemplação, situações, pessoas, necessidades dos irmãos. É um conhecer como quem "vê em Deus". Deus toma a iniciativa e o orante vê com os olhos do espírito, ou ouve umas palavras secretas. É uma notícia inesperada que cai no âmago da alma. Não há dúvida de que vem do alto. No entanto, a pessoa que a recebe a dá com humildade, quando sente que é chegado o momento oportuno, sem pretender convencer. Este pode ser o sinal de sua verdade: se o interlocutor insiste, ela jamais insistirá, cala e permanece em paz.

A graça

Ver em Deus é uma graça de sabedoria e de discernimento, acompanhada às vezes de profecia e de conselho. É recebida em etapas muito avançadas da vida espiritual, pois supõe comunhão de sentimentos com o Senhor. Significa olhar com benevolência todas as pessoas, ver com o amor de Deus e a partir de Deus.

Santa Madalena de Pazzi diz que essa graça é concedida a pessoas "especialmente límpidas e belas" que experimentaram a "embriaguez de Sangue".

> O Espírito, como a águia que voa e se eleva, toma e sobe consigo as almas que o receberam e as leva diante do Verbo. Coloca algumas

---
1. Luis Alonso Schökel, *La misión de Moisés...*, 98-99.

em sua sacratíssima cabeça, outras na sagrada boca e outras, especialmente límpidas e belas, se compraz em colocá-las em seus olhos resplandecentes; até elas mesmas se convertem nos olhos com os quais podem ver o que vê o Verbo... O Verbo dirige o olhar para si mesmo e aquelas almas olham para ele. O Verbo dirige o olhar para o Pai e elas também ao Pai; dirige o olhar a todas as criaturas e elas também a todas as criaturas; contempla todas as coisas e elas também. Isso só pode acontecer pela participação da graça, por amor e por embriaguez de Sangue... A alma olha para Deus cada vez que vê Deus nas coisas; olha para as criaturas cada vez que por amor deseja sua salvação.

É tão grande este desejo que não se conforma com uma, duas ou três cidades, mas dirige o olhar até para as criaturas que ainda hão de vir. Em um instante vê todas as coisas que Deus vê, porque Deus mesmo está presente. Vê as criaturas por efeito de caridade, vê todas as coisas porque olha para Deus, no qual tudo existe[2].

Nem todos os que receberam esse dom souberam explicar sua origem como o fez Santa Madalena. Com imagens falou de um habitar misterioso nos olhos do Verbo, de um olhar nele que abarca num instante o universo.

Humildade, pureza de coração, oração prolongada e uma solicitude compassiva para com toda criatura são traços que adornam aos que vêem em Deus. Quem permanece longamente no cimo da montanha da oração não se alija, nem se evade das necessidades de seus semelhantes. Com sua grande experiência dizia Santa Joana:

Mais prova e conhece e sabe e entende e vê dentro de si o contemplativo, naquele gosto da contemplação, que todas as criaturas e línguas humanas lhe poderiam dizer ou ensinar ou mostrar[3].

Para ver em Deus deve-se voar alto com olhos e asas de águia, com um coração limpo e compassivo. A graça não se compra nem se vende, não se merece. Do Verbo se recebe o presente.

---

2. Santa Maria Madalena de Pazzi, *Éxtasis, amor y renovación. Revelaciones e inteligencias*, ed. preparada por P. Alberto Yubero, Madrid, BAC, 1999, 76-77.
3. Sor Joana da Cruz, *El Conhorte, sermones de uma mujer (1481-1534)*, preparado por Inocente García de Andrés, Madrid, FUE, 2000, v. II, Serm. 24,24.

Ver na Eucaristia

Pela leitura dos místicos, observamos que a graça de "ver em Deus" costuma estar ligada à Eucaristia; seja no recebimento do sacramento, seja no recolhimento durante a Missa, seja na adoração diante do Santíssimo Sacramento.

Uma vez, enquanto assistia à Missa conventual, Ângela ouviu umas palavras de Deus que aqui não estão escritas. Quando o celebrante se aproximava do momento da comunhão, ela ouviu o Senhor que lhe dizia: "Há muitos que ainda me ferem e fazem brotar sangue de minhas costas". E via e compreendia que essas palavras lhe eram ditas da hóstia, que o celebrante acabava de partir. Então ela pensou e orou: "Senhor, que este sacerdote não seja assim!". E Deus respondeu: "Não o será jamais!"[4].

Santa Ângela de Foligno falou a seus discípulos da graça de ver em Deus explicando as três operações do Santíssimo Sacramento em nós como enriquecimento da fé, da alegria e do consolo.

O primeiro sinal do verdadeiro amor é o amante submeter sua vontade à do Amado. E esse especial e singularíssimo amor tem três operações.

A primeira operação é que, se o Amado é pobre, o amante procura se fazer pobre; se o Amado é vil, procura se fazer vil.

A segunda é que faz abandonar qualquer outra amizade que lhe possa ser contrária; faz deixar o pai e a mãe, o irmão e a irmã, e qualquer outro afeto que seja contrário à vontade do Amado.

A terceira operação desse amor é que não pode haver nada oculto sem que o outro saiba. E essa terceira operação, a meu critério, se identifica com a perfeição, síntese e complemento de outras operações. Porque nessa revelação dos segredos dos corações se abrem e mais perfeitamente se ligam um ao outro[5].

Não há segredos na perfeição do amor, porque é transparência dos sentimentos de ternura, compaixão e misericórdia, reflexos santos do amor divino.

Madre Francisca do Menino Jesus, clarissa do convento de Corpus Christi de Salamanca, cujo processo de beatificação está aberto, recebeu essa graça com profusão, e dela tomamos a ex-

---

4. *El libro de Ángela*, Buenos Aires, 1967. Preparado por P. Contardo Miglioranza. Ed. Misiones Franciscanas Conventuales, 124.
5. Ibid., 197-198.

pressão "ver em Deus". Um monge que a tratava com intimidade lhe perguntou: "Madre, como a senhora vê essas coisas que sabe sobre os sucessos, problemas, segredos e o interior das pessoas?". Ela lhe respondeu com simplicidade: "Em Deus vejo tudo claro".

Em outra ocasião foi uma clarissa, Irmã Catarina, que ficou impressionada. De passagem no convento de Corpus Christi de Salamanca travou conversação com M. Francisca, e qual não seria seu assombro ao ver que, sem ter lhe confiado suas preocupações, sua interlocutora lhe declarava as coisas mais secretas de sua alma. Como? Só ela, Irmã Catarina, poderia nos dizer se foi por curiosidade, por suspeita ou por puro assombro que lhe perguntou à queima-roupa: "Quem lhe disse tudo isso? Como sabe isso?". Irmã Francisca lhe respondeu: "Ninguém me disse nada. O do sacrário me deu a conhecer". Quando Irmã Catarina voltou ao seu convento, disse a suas irmãs: "Aquela monja baixinha me disse tudo o que eu fiz"[6].

Para iluminar o caminho da felicidade, para sua correção e consolo, ficava descoberto o interior do monge, da clarissa e de tantas pessoas as quais Madre Francisca "viu em Deus" em suas noites inteiras de adoração junto ao sacrário.

Comunicar a graça

Algumas vezes, a notícia recebida do alto é guardada para sempre no segredo da oração intercessora. Ilumina-a, motiva-a, a faz mais intensa. Outras vezes é recebida para ajudar determinadas pessoas e a elas deve ser comunicada. Aquele que recebe o aviso do orante está livre para acolhê-lo e para rechaçá-lo.

Conta-se que um irmão de São Francisco de Assis muito espiritual e familiar ao santo sofria sugestões tão graves que o puseram à beira do desespero. Por isso fazia muitas penitências, mas sentia vergonha de se confessar tantas vezes.

> Deus havia posto em sua divina providência que o bem-aventurado Francisco chegasse àquele lugar. E um dia que o irmão passeava

---
6. M. Victoria Triviño, *La escala de la noche. M. M. Francisca Del Niño Jesús (1905-1991)*, Madrid, BAC, 2000, 105-115.

com o bem-aventurado Francisco, conheceu este, por moção do Espírito Santo, a tribulação e tentação do irmão. Afastando-se um pouco de outro irmão que ia com eles, aproximou-se do atribulado e lhe disse: Caríssimo irmão, quero que não te sintas obrigado a confessar mais essas sugestões diabólicas e que não tenhas medo, pois não prejudicaram o mínimo de tua alma; com minha aprovação reze sete pais-nossos quando te vejas acossado por elas.
O irmão se alegrou muito... mas ficou estupefato considerando que o bem-aventurado Francisco havia lido seu interior... e desde então gozou de admirável paz e sossego[7].

Francisco chamou o irmão à parte, com discrição, lhe falou com segurança e carinho: "Caríssimo... quero que não te sintas obrigado... que não tenhas medo".

O irmão não se obstinou em sua tribulação, permitiu que a moção do Espírito recebida por São Francisco tocasse sua alma e lhe devolvesse a paz.

Entre os mais notáveis devotos que acudiam a Santa Joana, pedindo sua intercessão e conselho, se conta o Grande Capitão, dom Gonzalo Fernández de Córdoba. Eram os últimos dias do mês de outubro de 1515 quando o ilustre visitante foi a ela pela última vez. Corajoso e cheio de vida, confiou a Irmã Joana as coisas de sua alma, e a importante campanha militar que o rei dom Fernando, o Católico, lhe havia encarregado. Ela, que via em Deus, lhe disse sem vacilar: "Já não é tempo de andar em semelhantes exercícios de guerra. Convém-lhe muito mais recolher-se para compor sua alma. A morte já está muito próxima, pois só lhe resta um mês de vida".

O Grande Capitão acolheu o conselho com total docilidade. Imediatamente declinou diante do Rei Católico seu serviço e se retirou a Montilla, sua terra natal, atento a "compor sua alma". Não havia transcorrido muitos dias quando foi acometido de umas febres malsãs e se cumpriu o aviso da santa mulher franciscana. Passado um mês, em 2 de dezembro de 1515, entregava sua nobre alma ao Senhor[8].

---

7. *Espejo de perfección*, 106. São Francisco de Assis... 778.
8. M. Victoria Triviño, *Mujer, Predicadora y Párroco. La Santa Juana (1481-1534)*, Madrid, BAC, 1999, 142-144.

O santo monge Silouan do Monte Athos escreveu sobre a transmissão de um discernimento, entre o intercessor e o que necessita ou pede conselho. De suas palavras extraímos o que poderia ser uma regra de ouro para conhecer a verdade de um discernimento: "O Espírito Santo não tolera violência nem discussão". Jamais o intercessor imporá seu conselho, nem discutirá, nem teimará. Dirá uma palavra se lhe for pedido e deixará o outro livre enquanto permanece em paz.

O santo monge parte de *um princípio*: "Os perfeitos não dizem nada por eles mesmos..., só dizem o que o Espírito lhes confia". Estabelece a diferença entre a *palavra de conselho* fundada na experiência e "a *palavra inspirada* concedida pelo Espírito Santo" ao que vive nele e sob sua santa operação. E ensina:

> Quando se pede conselho a um pai espiritual, este ora para ser iluminado por Deus, mas como homem responde na medida de sua fé, segundo as palavras do apóstolo: *"...nós também cremos, e por isso falamos..."* (2Cor 4,13); mas não esquece que: *"Porque o nosso conhecimento é imperfeito e nossa profecia também"* (1Cor 13,9). Em seu desejo de não cometer erros, submete-se ao juízo de Deus quando dá um conselho ou uma orientação; assim, quando depara com uma objeção ou simplesmente com uma resistência interior por parte daquele que pergunta, não insiste sobre o que disse e não se permite afirmar que sua palavra é a expressão infalível da vontade de Deus e, como homem, cede...
> Por que razão? Por um lado porque o Espírito Santo não tolera violência nem discussão; por outro, porque a vontade de Deus é muito grande. A vontade de Deus não pode ser contida inteiramente na palavra do pai espiritual...[9].

O monge Silouan adverte também do perigo de afrontar os temas que constituem o "mistério sem segredos" da vida cristã, que no entanto transbordam da vida ordinária e de uma experiência espiritual escassamente estendida.

> Muitos, com efeito, poderiam compreender mal o sentido destas palavras e pô-las em prática de forma incorreta, e poderiam elas, assim, em vez de fazer o bem, ser nocivas, principalmente se o

---

9. Arquimandita Sofrônio, *San Silouan el Athonita*, Madrid, Encuentro, 1996, 72-73.

homem aborda a vida ascética com orgulhosa confiança em si mesmo[10].

Sem chegar à transparência da graça sobrenatural de *ver em Deus*, existem outras experiências mais modestas no plano paranormal. Convém dizer uma palavra esclarecedora sobre isso.

Tenho observado como a concentração da vida contemplativa, o tempo prolongado de oração silenciosa favorecem a percepção paranormal. A premonição, a telepatia, o conhecimento por visão e outros fenômenos apresentam-se com muita facilidade no cotidiano dos orantes contemplativos. Às vezes são motivo de confusão para quem os experimenta, por submetê-los a uma pergunta indevida: Isso vem de Deus? Que espírito o inspira? A confusão e o temor dessas perguntas consistem em equiparar o paranormal com o sobrenatural, seja divino seja diabólico. Outras vezes são as pessoas às quais se pede discernimento as que, por desconhecer ou não contar com essa capacidade, causam a confusão com sua atitude desrespeitosa. Nesse caso se confunde o paranormal com a debilidade psicológica. São os zombeteiros que voltam a incorrer no desatino de considerar endemoninhados e bruxas os maiores místicos e místicas.

As faculdades paranormais são inerentes a nossa natureza humana. A mente não está presa ao espaço nem ao tempo, por isso pode trazer informações de perto e de longe, do presente e do futuro. Algumas pessoas jamais desenvolvem essa faculdade; outras a procuram com técnicas adequadas; e há quem a tem desenvolvida sem saber como. Em si a informação paranormal é tão indiferente quanto a informação recebida por meio dos sentidos corporais. Não se pode dizer que seja boa ou má. Tudo depende do uso que se faça dessas informações, para o bem ou para o mal. Sempre se deve ter claro que essas informações mentais não supõem maior ou menor graça sobrenatural, somente uma sensibilidade mais aguçada.

Que fazer? Dar à atividade de cada nível, natural, paranormal e sobrenatural, o valor que tem. Agora, a pessoa que unificou todo o seu ser, que põe seu potencial e seus sentidos inteiramente sob

---

10. Ibid., 73-74.

a ação do Espírito do Senhor, não tem de se fazer perguntas artificiais. Nunca poderá separar o que vive da mais profunda unidade do ser. Por isso, não convirá depreciar o sobrenatural porque encontra algum grama de percepção paranormal. Não deixa de ser uma perfeição humana na forma de conhecer.

O orante, o assíduo intercessor que unificou seu ser num único Amor, ou o pretende sinceramente, deve acolher com naturalidade os bens da natureza e da graça. Também deve acolher essa capacidade paranormal e deixá-la servir aos interesses do Reino de Deus. A percepção paranormal colabora como suporte do conhecimento, nada mais. Em todo caso, é mais certa, mais fascinante e clara, a graça de *ver em Deus*.

> Uma esposa que te ame,
> meu Filho, dar-te queria,
> que por teu valor mereça
> estar em nossa companhia,
> e comer pão numa mesa
> do mesmo que eu comia,
> para que conheça os bens
> que em tal Filho eu possuía.
> E se congrace comigo
> por tua graça e louçania.

> Muito te agradeço, Pai,
> o Filho lhe respondia.
> À esposa que me deres,
> minha claridade eu daria,
> para que por ela veja
> quanto meu Pai valia,
> e como o ser que possuo
> do seu ser eu recebia.
> A encostarei no meu braço,
> e em teu amor se abrasaria,
> e com eterno deleite
> tua bondade exaltaria[11].

---

11. São João da Cruz. Poesia, Da criação, Romance 3, in *Obras Completas*, Petrópolis, Vozes e Carmelo Descalço do Brasil, 1984, 47-48.

Intercessão fraterna

Há pessoas que quando passam por alguma dificuldade não se contentam com a breve fórmula "reze por mim". Lembram-se de seus amigos que tratam de vida espiritual e vão descarregar sua aflição, sua tentação e sua provação. No encontro pode haver duas ou mais pessoas. Para esse momento o conselho de Santa Edwiges é:

> Encontrarás pessoas conscientes de sua miséria, que sofrem porque lhes falta o amor e satisfeitos iriam a seu encontro: atende-os no que depende de ti e sê útil para eles. Entrega-te a ti e o que é teu: teu coração que deve ser compassivo, tuas palavras para dar-lhes consolo, tuas mãos para ajudá-los e servi-los[1].

Não tratamos do que busca alívio — existem pessoas que parecem necessitar ter problemas para se fazerem ouvir —, mas do que busca ajuda com sinceridade. Seria desonesto e inútil gastar o tempo escutando relatos, sem oferecer a ajuda de uma intercessão imediata. A pessoa ficaria muito mais perturbada ao ouvir a si mesma repetindo uma vez mais seus pensamentos sobre o problema. Enquanto quem escuta fica esgotado, consumido numa sensação de impotência.

Não é preciso saber de tudo para interceder.

---

1. Edwiges de Amberes, *Dios, amor y amante. Las cartas*, Madrid, Paulinas, 1986, 56.

É necessário saber, e não esquecer jamais: que o coração humano vive situações-limite, desânimos e aborrecimentos, aos quais as palavras não chegam e os conselhos exasperam.

Afastar as trevas

Mais que se estender em relatos, convém tomar a Palavra de Deus, invocar o Espírito Santo e expor pausadamente alguma passagem evangélica. Comentá-la sem fazer aplicações diretas nem dar conselhos, deixando que a Palavra aja por si mesma. O intercessor não deixa de orar interiormente, em humildade e compaixão, acompanhando o processo.

As palavras dos homens admitem interpretação e podem suscitar dúvidas, mas as de Jesus não. Ele é a verdade eterna. Eterna porque a verdade não muda, porque suas palavras são promessas que permanecem como ele, e nele permanecem todos os que o amam[2].

Deve-se abrir espaços de acolhida à Palavra, aproximar-se dela amável e suavemente. Nada se pode comparar ao toque delicado e firme, ao calor da bondade que Deus comunica. Uma palavra basta para curar o corpo e a alma.

Chegará o momento, sempre chega, em que a pessoa aflita se sente "tocada" por uma palavra. Sua situação se ilumina subitamente. A partir desse momento ela se reanima e conforta. Vê onde está sua saúde. Convence-se interiormente do que ninguém havia conseguido fazê-la compreender. A situação não mudou, mas com a luz lhe veio a força para enfrentá-la com espírito novo.

A partir desse momento é oportuno rezar sobre a pessoa dando graças a Deus; a fim de que, revestida de força, se deixe conduzir pela luz recebida e dê fruto de perseverança com alegria.

Não convém voltar a comentar os problemas da situação inicial. Um orante, ainda que disponível à abertura aos irmãos, ensina a disciplinar a mente e a palavra para não confundir tudo. Quando o humano foi iluminado pela luz da Palavra, não é preciso voltar a rebuscar na sombra. A situação que oprimia não

---

2. M. Madalena de Jesus, La mística del amor, 71.

mudou, talvez nunca mude, no entanto, afastada a treva, tem-se ânimo para encará-la de forma nova.

Serviço de intercessão

Há grupos de oração cristãos em que algumas pessoas são designadas para atender o serviço da intercessão. A escolha recai sobre aquelas nas quais a comunidade reconhece diversos carismas, especialmente: fé carismática, discernimento e amor compassivo.

Reúnem-se periodicamente para rezar juntos por pessoas que solicitam, presentes ou ausentes, e para apresentar ao Senhor as necessidades da Igreja e do mundo. Os passos da oração serão mais ou menos os seguintes:

—"*Tira as sandálias de teus pés.*" Livrar-se de tudo o que possa impedir ou estorvar a entrada na oração, preparar-se para orar. O exercício prévio será de reconciliação. No breve silêncio cada pessoa deve purificar seu coração e ver se está em paz com os outros orantes. Se não estiver, deverá pedir perdão e procurar uma reconciliação sincera.

> Tende por certo que a pessoa de bem, se quer se preparar para rezar sinceramente e como convém para que sua oração seja realmente ouvida, antes de tudo deve dar as costas às coisas temporais, a tudo o que não é divino, sejam amigos ou estranhos, vaidade de ostentação, entretenimentos ou qualquer outra coisa que não esteja puramente motivada por Deus. Além disso, tem o dever de renunciar às suas palavras, à sua conduta, a toda desordem interior e exterior. É assim que deve se preparar para a verdadeira oração.
>
> Quando São Paulo diz que o que ora deve ter uma alma unificada, quer dizer que o coração deve estar inteira e exclusivamente unido a Deus, que a pessoa deve ter os olhos do interior e do coração orientados totalmente para Deus e unir-se a ele com afeto e generosa união [...] o olhar interior e o coração voltados só para ele. É assim que a pessoa deve desenvolver suas faculdades interiores e exteriores e elevá-las todas a Deus. Esse é o verdadeiro método de oração[3].

---

3. Juan Tauler, *Instituciones...*, 286.

Esse ensinamento de Tauler expressa a disposição e a orientação do intercessor: livre de toda preocupação consigo ou com outras coisas vãs; purificado e orientado o coração; com os olhos voltados unicamente para o Senhor a fim de advertir qualquer movimento de seu Espírito e unir-se a ele com todo afeto e generosidade.

— *Sair ao encontro do Senhor* com cantos de louvor e ação de graças para entrar na Presença divina e oferecer a verdadeira oração, a do Espírito que ora em nós com gemidos inefáveis.

— *Escuta da Palavra* em atenta obediência, pois o coração deve estar orientado inteiramente para Deus, para conhecer sua voz e unir-se a ele com afeto e generosa união.

— *Intercessão.* Apresenta-se por fim a oração de intercessão propriamente dita permitindo ao Espírito do Senhor continuar sua obra nos orantes, e por meio deles em quem pediu oração, dando passagem aos carismas como instrumentos de caridade e de luz.

Quando se reza por alguém, este poderá dizer brevemente qual é sua necessidade. Igualmente são propostas as situações ou intenções pelas quais se vai rezar.

O grupo se introduz na "coluna de intercessão" com fé e sentimentos de caridade, sem duvidar de que a oração será ouvida. O Senhor o prometeu: "*Eu vos repito: se dois dentre vós na terra se puserem de acordo para pedir seja qual for a coisa, esta lhes será concedida por meu Pai que está nos céus. Porque onde estão dois ou três reunidos em meu nome, eu estou lá entre eles*" (Mt 18,19-20).

Santa Gertrudes conta como numa ocasião, assaltando-lhe a dúvida ou querendo saber, perguntou ao Senhor:

"Senhor, me escutas quando peço por algum de meus amigos?".
O Senhor, como que lhe confirmando com juramento, disse: Por minha virtude divina te escuto sempre.
Respondeu ela: "Então te peço por aquela pessoa que me foi encomendada muitas vezes". E nesse instante viu sair do peito do Senhor um arroio de pureza cristalina que penetrava no mais íntimo daquela pessoa por quem orava.

Perguntou então ao Senhor: "Senhor, o que essa pessoa pode aproveitar disso se não sente esse derramamento?"

O Senhor respondeu: "Quando um médico receita um remédio a um doente, os que estão ao seu redor não vêem que o doente recobra a saúde, nem este se sente curado instantaneamente; no entanto, o médico, que conhece o efeito do remédio, sabe muito bem como o doente o aproveitará"[4].

Para auxiliar aquele que a busca em humildade, talvez se derrame a luz do discernimento, ou o calor da compaixão que libera o gelo do desamor na torrente de compulsão. Aqui nunca acontecerá a mesma coisa nem da mesma maneira.

— *Testemunho*. Algumas vezes a pessoa por quem se orou refere uma mudança interior, uma disposição nova, uma iluminação ou alegria, e deseja compartilhar isso com os orantes. Este é o momento do testemunho que será ouvido, abundando depois no louvor ao único Senhor.

— *Ação de graças*. Obviamente se concluirá a oração dando graças com alegria pelos bens recebidos.

Quanto tempo se deve dedicar a essa forma de oração? Sem relógio. O tempo que for necessário até que os orantes vejam a glória de Deus brilhar!

Intercessão contemplativa

A oração ainda pode ser mais simples. Com a fé do centurião, que admirou Jesus, cremos que "uma palavra basta" para curar, "um olhar basta" para iluminar, sua Presença basta para nos salvar. *"A vida eterna consiste em que te conheçam a ti, verdadeiro e único Deus, e a Jesus Cristo, teu enviado"*(Jo 17,3).

A nossa comunidade clarissa chegam pessoas pedindo oração. Se não há mais tempo, guardamos sua intenção no íntimo do coração. Se há tempo, transformamos sua visita em oração, convidando-a ela mesma a orar conosco, imediatamente, sem esperar mais.

---

4. Santa Gertrudes de Helfta, *Mensaje de la misericordia divina*, Madrid, BAC, 1999, 104.

Para ambientar o lugar com simplicidade e harmonia, pegamos a imagem do Cristo de São Damião, a Bíblia, e algum símbolo segundo o tempo litúrgico, círio pascal, flores etc.

Não é necessário saber tudo para interceder. Não é preciso que a pessoa fale sobre suas necessidades. Basta que olhe com seus olhos o Senhor.

E cantamos suavemente poucas palavras, sempre dirigidas ao Senhor. As palavras se aquietam em silêncios, volta-se para elas, são repetidas com intensidade e entonação novas.

Não se mede o tempo, se permanece com os olhos fixos no Senhor como estão os olhos dos servos fixos nas mãos de seu amo. Até que em verdade não reste nada... só Ele, sua presença amada. Deixa-se que o calor de seu olhar aproxime-se da ternura dele. Deixa-se que sua palavra abrande, como a chuva, a terra do coração.

Porque uma palavra basta, o centro da intercessão contemplativa será o momento em que se entrega essa palavra, como espada de dois fios, como brasa acesa. A palavra que dá testemunho de que Deus ama cada um com grande e incomparável amor. Amo-te... Tu és meu... *"Pois encontraste graça junto a mim e é pelo nome que Eu te conheço"* (Ex 33,17).

E assim, sem mais, permanecer no horto da contemplação. Até quando? Até que quem pediu uma oração chegue a entrar nela e sinta que lhe vem um rumor aos lábios. Até que saboreie o encontro, pelo menos um instante mais além do véu, e lhe venham lágrimas aos olhos, ou a paz ao rosto. Até que ela queira... *"Conjuro-vos, filhas de Jerusalém, pelas gazelas e as corças dos campos, não desperteis meu amor, antes que ela o deseje"* (Ct 2,7).

Gravar nas dobras do coração

> *"...Guardei-os e nenhum deles se perdeu..."*
> (Jo 17,12)

A oração de intercessão se eleva em súplica humilde diante de Deus a favor de uma ou muitas pessoas. Desde sempre, os que a desejam costumam pedi-la com estas palavras: "reze por mim", "peça por..."; o resto se pode ler em seus olhos. Falta tempo para falar de suas necessidades... ou não é necessário esbanjar palavras. "Reze"... por tantas pessoas e coisas concentradas em uma frase breve, expressa sempre num imperativo mais ou menos apressado.

Gravar no coração

Quem poderia contar os muitos pedidos de oração que recebeu? "Reze por mim"... Algumas vezes essas palavras chegaram à alma com nome, rosto e voz conhecidas, outras com rosto e voz que passaram num instante e não voltarão.

Como responder a todos? Como não frustrar aquele que uma vez deixou-lhe o pedido sem nome, sem remetente? Santa Clara de Assis, mestra medieval, no distante século XIII nos ensina a rezar sem perder sequer um dos que desejaram nossa intercessão. Basta guardá-los nas dobras do coração.

Assim escrevia Santa Inês da Boêmia a uma princesa que se fizera irmã pobre seguindo suas pegadas:

Submersa nesta contemplação, não te esqueças de tua pobre mãe, pois sabes que levo gravada indelevelmente tua feliz lembrança nas dobras do meu coração, e te tenho por a mais amada, entre todas.[1]

Clara nos faz recordar que temos umas tabuinhas no coração. O que se grava nelas permanece vivo, regado cada dia pelo próprio sangue que flui sem trégua.Clara nos ensina como podemos guardar as pessoas nas dobras do coração, gravar sua lembrança para sempre, levá-las diante do Senhor silenciomente, amorosamente, desdobrando o coração em sua presença:

> Senhor, se encontrei graça a teus olhos, bendize, cura, perdoa, consola, conforta, santifica tudo o que gravou em meu coração. Vem com teu povo, toma-nos por tua herança.

Quase seis séculos depois de Clara, o rabi Menajem Mendel († 1815) encontrou também essa forma de rezar e a confiou a seus discípulos:

> Rabi Mendel de Rymanov costumava dizer que durante o tempo que empregava em recitar para si as Dezoito bem-aventuranças, todas as pessoas que alguma vez lhe haviam pedido que intercedesse por elas diante de Deus desfilavam em seu pensamento.
>
> Alguém lhe perguntou como isso era possível, já que seguramente não havia tido tempo suficiente. Rabi Mendel respondeu: "A necessidade de cada um deixa um rastro em meu coração. Na hora da oração abro meu coração e digo: Senhor do mundo, lê o que está escrito aqui!"[2]

É possível gravar nas tabuinhas do coração, com letras de amor, todos os nomes que Deus cria e recria.

Oração simples

Essa forma de intercessão "que desdobra o coração na Presença" aparece em uma etapa do caminho, quando o orante alcançou a oração de simplicidade.

---

1. Santa Clara de Assis, Cuarta carta a Inés de Bohemia, año 1252, n. 33, in Triviño(ed.), *Santa Clara de Asís, escritos y fuentes documentales*, México, 1994, 23.
2. Martín Buber, cuentos jasídicos, 112.

Um mestre da mística, o franciscano flamenco Enrique Herp, refletiu sobre essa forma de orar no século XV. Disse que os que têm intenção simples alcançam essa oração. Assim o explica:

> Suponhamos duas pessoas, uma na vida ativa com intenção honesta, outra na vida contemplativa com intenção simples. As duas rezam pelos amigos, parentes vivos e falecidos, e por toda a santa Igreja.
>
> Aquela que está na vida ativa com honesta intenção, enquanto reza não poderá prescindir totalmente de outros pensamentos, em especial de recordar aqueles por quem está orando.
>
> Aquela que chegou à vida contemplativa e desfruta da intenção simples, com um simples olhar faz passar por sua mente os amigos, parentes, vivos e falecidos, e todo o corpo da santa Igreja. Momentaneamente, num golpe de intuição, contempla inúmeras pessoas de tal maneira que nem seus sentidos se dissipam nem se mesclam outros pensamentos. Isto feito, fixa seu olhar simples em Deus, espelho divino em que verá todas as pessoas, pois é a origem de onde saíram.[3]

Eis aqui uma forma agradável e leal de interceder. Agradável porque não afasta da quietude contemplativa. O olhar alcança a todos e descansa em Deus. Enquanto a chama arde e se aproveita a presença do Amado, os que estão gravados nas dobras do coração continuam ali guardados, participando misteriosamente do encontro que recria e enamora. Leal porque nela nenhuma pessoa, conhecida ou desconhecida, que tenha pedido nossa oração fica frustrada. Aí estão todas sem faltar nenhuma, nem mesmo aquelas que nos seria impossível voltar a recordar; ou melhor, que não é preciso voltar a recordar.

"Meu coração desperta"

O coração, sede do afeto e da intuição, é o símbolo do amor. É o cálice de licor da vida que vivifica todo o corpo. É o centro no qual o conhecimento, purificado pela chama, se transforma em luz. É a oficina em que o Espírito realiza a transfiguração dos sentimentos, arranca o coração de pedra e dá um coração de carne, para restaurar sua imagem divina. Dá seu próprio coração:

---

3. Enrique Herp († 1477), *Directorio de contemplativos*, Madrid, FUE, 1974, 334.

> *Tu me embriagas o coração,*
> *minha irmã, minha noiva;*
> *tu me embriagas o coração*
> *com um só dos teus olhares,*
> *uma só pérola de teus colares.*
> *Como é belo o teu amor,*
> *minha irmã, minha noiva!*
> *Teu amor é mais delicioso que o vinho!*
> *E o aroma de teus perfumes*
> *mais que todos os bálsamos!* (Ct 4,9-10)

O coração, mais ligado ao espírito que à alma, está sempre velando. "*Eu dormia, e meu coração desperta*" (Ct 5,2). E o coração que vela busca seu rosto, seus olhos, seus lábios, seu vinho, seus braços, seu coração. O resto está nos espelhos.

Nessa oração de simplicidade, na qual repousa a essência do amor, o intercessor se deixa cativar deixando qualquer outra ocupação, trabalho e incumbência.

Em seu ensinamento, Santa Edwviges associava oração de simplicidade e centro profundo do amor. Um ensinamento que guardou bem fundo, esperando longamente o momento oportuno em que a discípula pudesse compreendê-lo.

> A toda virtude disposta e pronta,
> não te dediques a nenhuma.
> Não haverá coisa a qual faltes,
> mas não fará nada em particular.
> A toda miséria abre teu coração,
> e não te responsabilizes por nenhuma.
> Há tempo eu queria te dizer
> por tê-lo bem no fundo;
> Deus te leve aonde me entendas,
> isto é, à essência do amor[4].

Como fez Jesus, assim deve abrir o coração a toda miséria, mas não para acompanhá-la no lamento ou deixá-la no esquecimento. Terá de lançá-la ao forno de quem a pode curar, remediar e transformar.

---

4. Edwviges de Amberes, *Dios, amor y amante...*, Carta XVII, 111.

Para guardar as pessoas e suas necessidades nas dobras do coração basta fazer intenção disso com afeto. O amor de um instante deixa marcas. Enquanto o fogo estiver aceso no coração, eles receberão luz e calor.

Aprende-se a fazê-lo assim desde o dia em que, em comunhão de sentimentos com Jesus, se conhece a reciprocidade destas palavras: *"tudo o que é meu é teu e tudo que é teu é meu"* (Jo 17,10).

O que se guarda nas dobras do coração jamais se perde.

Já tenho a alma aberta
quebrei seu cadeado;
pus mais cadeiras
e no fogo o ocultei.

A quem quer que chegue
porque virão, é claro,
deixarei que escolha
o lugar desejado.

Já tenho a alma aberta
e o fogo aceso;
se tu chegares primeiro,
não esqueças de atiçá-lo[5].

---

5. María del Rosário García Ruiz, *De ti y de mí*, Córdoba, 1997, 142.

Intercessão como abraço

> *"Abraça como virgem pobre*
> *a Cristo pobre."*
> CLARA DE ASSIS

Quando estendemos a mão esquerda apoiada na direita "formando um trono", como ensinava São Cipriano nos albores do cristianismo, para receber o sacramento da comunhão, ouvimos estas palavras: "O Corpo de Cristo". Respondemos: "Amém".

Não é cada um dos que o recebem que o leva e esconde em sua intimidade. É o Senhor que nos atrai e reúne a todos nele. Nem o tempo nem o espaço podem impedir o abraço de comunhão da Igreja triunfante, militante e purificante, no sacramento do Corpo do Senhor.

> Na Antigüidade cristã se falava freqüentemente de um "corpo espiritual" ou de um "grande corpo" de Cristo: de um "corpo completo", de um corpo "universal" ou "comum", de um corpo "verdadeiro e perfeito", do qual Cristo é a "cabeça mística" e os cristãos são os "membros místicos". Também se falou da assembléia dos bem-aventurados como de uma "Igreja mística" ou do "mistério do Corpo de Cristo" ou da "união mística" dos fiéis dentro do Corpo de Cristo[1].

A essas formas de nomear a união dos crentes no Corpo do Senhor, podemos acrescentar a empregada por Santa Clara de

---

1. Henri de Lubac, *Meditación sobre la Iglesia*, Madrid, Encuentro, 1988, 107.

Assis: "o Corpo inefável". Essa grande mestra medieval abre sua escola de intercessão com estas palavras ricas e sugestivas:

> E como encontrastes o tesouro incomparável, escondido no campo do mundo e do coração dos homens, com o qual se compra nada menos que Aquele por quem foram feitas todas as coisas do nada; e como o abraças com a humildade, com a virtude da fé, com os braços da pobreza. Di-lo-ei com palavras do mesmo Apóstolo: te considero cooperadora do mesmo Deus e sustentadora dos membros vacilantes do Corpo inefável[2].

Esse é seu ensinamento. Retirar-se da mentalidade do mundo, mas não fugir dos irmãos. Encontrar a Deus no retiro da oração e no campo do mundo. Descobri-lo, com alegria e simplicidade, no coração dos que o recebem. Abraçá-lo nos membros vacilantes para sustentá-los, sem julgar, sem condenar, sem excluir, sem fechar caminhos. Com sinais de amor e humildade, não de outra maneira, se espelha em nós a presença do Consolador, do Deus de ternura.

Três virtudes acompanham a oração de intercessão e são como um abraço: a santa humildade, a fé carismática e a pobreza ou despojamento.

O abraço é o símbolo da força, do poder, da ajuda, da proteção. Os braços erguidos significam a atitude do orante na liturgia cristã. Os braços em cruz, a entrega. Os braços que abraçam, o amor. E podem ser como um ninho que cuida com ternura, como um escudo que protege com lealdade. Podem ser ajuda, sustento, consolo e oferenda.

Mistério de ternura

Atrevemo-nos a intuir a primeira imagem que Clara tem diante de seus olhos ao propor essa forma de interceder abraçando o Corpo inefável que é a Igreja. Sem dúvida, pensa na Mãe do Senhor quando envolveu em panos e deitou numa manjedoura o

---

2. Santa Clara de Assis, Terceira carta a Inés de Bohemia, ano 1238, nn. 7-8, in op. cit., 17.

Senhor da glória. Escutemos e acolhamos sua exortação fervorosa: "Une-te à Mãe dulcíssima que gerou tal Filho".

E assim, com os sentimentos da Mãe do Senhor abraça o Filho, sustentando, na debilidade que o Menino assumiu, todas as fraquezas; em sua impotência e aniquilamento, todas as pobrezas; em seu pranto, todos os prantos.

Ajoelhe-se junto à manjedoura no lugar da Mãe. Olhe, considere, contemple. Incline-se com ternura para velar e cuidar de todos os que nasceram de Deus e a ele devem voltar. Até que o Filho lhe diga: Mãe. Você me lembra minha Mãe. Suas palavras lhe fazem fecunda com maternidade espiritual na Igreja. Toma-o então e o oferece ao Pai. Reconhece desde esta hora, e abraça nele, todos os filhos que Deus lhe dá.

A mulher franciscana da mariologia mística, a venerável Maria de Jesus de Ágreda, atreve-se a adivinhar uma oração de intercessão e a põe nos lábios da Santa Virgem quando pela primeira vez adora e abraça de joelhos o corpo de seu Deus feito menino:

> Dulcíssimo amor meu, lume de meus olhos e ser de minha alma, vinde em hora boa ao mundo, sol de justiça, para desterrar as trevas do pecado e da morte. [...] Logo a prudentíssima Mãe se converteu a oferecer seu Unigênito ao eterno Pai, e disse: Altíssimo criador de todo o universo, aqui está o altar e o sacrifício aceitável a vossos olhos. Desde esta hora olhai a linhagem humana com misericórdia [...] pois para isso o Verbo divino se vestiu da similitude da carne do pecado e se fez irmão dos mortais e pecadores. Por esse título os reconheço por filhos e peço com o íntimo de meu coração por eles. Vós, Senhor poderoso, me fizestes mãe de vosso Unigênito [...] devo aos homens a ocasião que me deram felicidade incomparável, pois por eles sou mãe do Verbo humanado, passível e redentor de todos. Não lhes negarei meu amor, meu cuidado e desvelo para seu remédio. Recebei, eterno Pai, meus desejos e pedidos para o que é de vosso agrado e vontade[3].

E esse abraçar a debilidade humana na debilidade de Deus feito menino inunda a alma em sentimentos de ternura para com toda a criatura.

---

3. Maria de Jesus de Ágreda, *Mística ciudad de Dios*, Madrid, 1970, Parte II. L. IV, cap. X, 482.

Eles não têm mais vinho

Clara pensaria na Toda Santa, vigilante e cuidadosa nas bodas de Caná, a ponto de adiantar a hora com um sinal da glória. *"Eles não têm mais vinho"*(Jo 2,3).Tinham esvaziado todas as talhas antes de terminar a festa de casamento. Como alegrar o coração dos convidados se as talhas estavam vazias? Como atrapalhar o sonho dos noivos com o trabalho de ir comprar vinho? A Mãe levou ao Filho uma súplica em seus lábios, a compaixão nos olhos, a esperança no sorriso. Não têm mais vinho, disse-lhe.

"Fazei tudo o que ele vos mandar"(Jo 2,5), e o Filho pronunciou sua palavra poderosa sobre as jarras de água sem gosto ou cor. O calor do sol transforma lentamente a água em vinho, no coração rugoso da videira. A chama da Palavra transformou a água das talhas, em um instante, em vinho perfumado. Houve alegria no casamento, até o final, com vinho novo e melhor.

E Clara, a dama pobre, unida à Virgem, realizou muitos sinais e prodígios. Os testemunhos do processo de santidade atestaram como a água se transformou em azeite, e se multiplicou o pão da esmola para alimentar as irmãs, muitos enfermos recobraram a saúde e liberou a cidade do assédio, confortou o papa em suas muitas tribulações e aceitou ser fiadora de sua salvação. Como uma mãe na festa de casamento, encheu de alegria a casa da Igreja. Fez o sinal-da-cruz e pronunciou palavras de compaixão sem vacilar em seu coração.

Poder-se-ia falar dessa forma de intercessão como de uma atitude esponsal: a esposa administra, na casa, o patrimônio de seu senhor e esposo. Uma filha de Clara, relevante mística do Século de Ouro, viveu a graça de interceder como quem administra os bens de seu amor e redenção. Escutara em seu coração a doação da herança.

> Cresceu-me muito o desejo de parecer-me a ele em todos os trabalhos, desprezos, na santidade, na vida e na morte, desejando viver e morrer no sumo desprezo, isso me preenchia muito e muitíssimas vezes me dizia: "Filha, te faço herdeira de tudo o que padeci, como

se tu tivesses padecido: te faço herdeira de minhas feridas, de todas as minhas virtudes e de minha vida e morte".

E ainda que eu o estimasse, dizia-lhe: "Senhor, quero padecer no meu corpo e sentir nele por vosso amor o que vós padecestes pelo meu". E meu Senhor sempre me dizia que eu era possuidora de seu amor, de sua vida, de seus merecimentos e é verdade que em mim via a semelhança com ele em tudo... Nesta tão grande graça eu dizia com o sentido verdadeiro: "Eu vivo, já não vivo; porque já não vivo a não ser em meu Cristo e ele sou eu, que já não sou eu"[4].

Ouviu a doação porque havia alcançado a identificação de sentimentos com seu Senhor.

O bem que pertence à cabeça e aos membros, no céu e na terra, aos anjos, aos santos, tudo isso fluiria real e essencialmente para mim, se, sob a nobre cabeça, o amor me identificasse com a vontade de Deus, e também com os outros membros do corpo espiritual. Uma vez identificado com o Chefe, eu me revestirei de sua forma e me despojarei da minha[5].

Faltava vinho na Igreja do século XIII e o papa Inocêncio III promoveu a reforma, a partir do Concílio Lateranense IV. Francisco, Clara, Domingos, Maria de Oignies... ouviram com boa vontade o chamado. Deixaram as águas de uma vida insípida, vã e se deixaram transformar em vinho novo, pela obediência à Palavra. Disseram a seus irmãos: *"Fazei tudo o que ele vos mandar"* (Jo 2,5), e a casa da Igreja se alegrou ao iluminar formas novas e atrativas de vida evangélica.

Faltava ar na Igreja que avistava a proximidade do século XXI, e o papa João XXIII abriu as janelas convocando o Concílio Vaticano II. Faltava vinho e Paulo VI proclamou a Mãe da Igreja, a Mãe do Senhor, continuando os trabalhos do Concílio. Surgem profetas em nosso tempo que alegram a casa. Há intercessores que não cessam de velar e orar para secundar o vento do Espírito, o fogo transformador da Palavra. Deve-se continuar orando, na festa de casamento, com a Mãe da Igreja: *"Eles não têm mais vinho".*

---

4. Fr. Juanetín Niño, *Sor Ana Maria de San José*, Salamanca, 1665, reimpresso em 1862, 100-101.
5. Juan Tauler, *Instituciones*, tema XIII, 291.

"Eis aí teu filho"

Clara teria pensado muitas vezes na Virgem Mãe aos pés da cruz e em seu doloroso ofertório com o Filho morto nos braços. Sem dúvida pensou, pois em sua escola de intercessão se chega a esse lugar, mais cedo ou mais tarde. "Meditei assiduamente nos mistérios de sua paixão e nas dores que a santíssima Mãe sofreu aos pés da cruz"[6], recomendava à irmã discípula.

A Santa Virgem que acaba de ouvir: *"Eis aí teu filho"* (Jo 19,26), no filho abraça toda a humanidade. Ainda que o tirem de seus braços e o coloquem num sepulcro novo, por um tempo ela o carrega nos braços da fé, da humildade, do amor. Acompanha-o ao sair do lagar com a veste de sua sagrada humanidade tingida de sangue. Do Pai o recebeu no berço de sua ternura e ao Pai o devolve num abraço de oferenda e intercessão.

Essa forma de intercessão é vivida plenamente quando se ouve uma palavra aos pés da cruz: "Eis aí teu filho". O coração se abre em maternidade espiritual e acolhe com sentimentos de mãe a toda criatura, sem discriminação, juízo ou rejeição. Abre as comportas da compaixão, leva os publicanos a sua mesa, beija os pés de quem o vende por pouco valor e pode olhar nos olhos de quem o negou três vezes.

Ser "cooperadora do mesmo Deus". Como compreender, como realizar essa missão materna na Igreja se não for contemplando a Toda Santa? Ser "sustentadora dos membros vacilantes" do corpo inefável que é a Igreja. Como fazer isso se não for unida à Mãe da Igreja?

Durante muitos anos tive por costume percorrer a via-sacra à primeira hora, antes de rezar as Laudes. Um dia, enquanto contemplava a estação XIII, sem me dar conta da hora, tocou o relógio e se iniciou a oração: "Te adoramos, santíssimo Senhor Jesus Cristo...". Enquanto me levantava rapidamente, disse à Virgem: "Dê-mo, Mãe, que eu o levo". Já no meu lugar no coro ouvia os versos do Invitatório, mas meu pensamento não os podia seguir.

---

6. Clara de Assis, Carta a Ermentrudis de Brugges, 12, *Escritos*... 23.

Que fiz? — perguntava a mim mesma —. Pedi à Santa Virgem que me desse o Filho morto.

Aquele dia comecei a compreender o mistério da Piedade. O Filho imolado é recebido nos braços da fé, da humildade, do amor ardente, é oferecido ao Pai no altar e é dado no pão da Palavra e no pão da comunhão. O Filho imolado também é oferecido no altar do coração e é dado ressuscitado aos irmãos por meio de nossas atitudes, pequenas e pobres, santificadas e transfiguradas por sua presença. E assim, o que acontece no altar do templo deve acontecer no altar do coração, como em um espelho, como um abraço que transfigura e ressuscita.

Não se deve deixar ninguém por morto, por impossível ou por perdido, na valeta do tempo e da pressa. O calor vivificante de uma intercessão fervorosa semelhante a um abraço deve alcançar a todos.

Essa é a forma de intercessão da escola de Clara, apropriada à forma de vida da mulher franciscana. Pertence, portanto, ao caudal espiritual da Igreja. Oferecemo-la a todos, levantando o véu, para que os que buscam encontrem.

A intercessão dada como um abraço ao Corpo inefável é exercida unida à Mãe dulcíssima. Percorre etapas de graça. Vive-se em plenitude quando se recebeu o dom da maternidade espiritual em Belém, nas bodas de Caná e aos pés da Cruz.

> Olha o começo deste espelho, a pobreza, pois é colocado em uma manjedoura e envolto em panos. Oh! maravilhosa humildade, oh! grandiosa pobreza! O Rei dos anjos, o Senhor do céu e da terra, é reclinado numa manjedoura.
>
> E no centro do espelho considera a humildade: pelo menos, a bem-aventurada pobreza, os múltiplos trabalhos e penalidades que suportou na redenção do gênero humano.
>
> E no mais alto do mesmo espelho contempla a inefável caridade: com ela escolheu padecer no lenho da cruz e morrer nele com a morte mais infame.
>
> Por isso o mesmo espelho, colocado no madeiro, se dirigia aos transeuntes para que parassem para meditar: "Oh! vós todos que passais pelo caminho, olhai e vede se há dor semelhante à minha!".

Respondamos a uma voz: "Não te esquecerei jamais e minha alma agonizará dentro de mim!".
E assim te inflamarás mais e mais fortemente no fogo da caridade, oh! rainha, esposa do Rei celestial![7]

---
7. Santa Clara de Assis, Cuarta Carta a Inés, 19.27. *Escritos...* 22-23.

Tuas flechas cravaram em mim

Levantamos o véu do santuário da oração. Seguimos as pegadas de alguns intercessores percorrendo as instâncias do perdão, da doação, da visão, do abraço...

Enfim, o que é interceder?

É um ministério carismático, inerente ao sacerdócio real dos batizados. Seja de pedra, de carne ou de fogo, ninguém é tão pobre que não tenha um altar no coração para oferecer libação de lágrimas, orações e oferendas de obras de amor. O clamor dos filhos é ouvido pelo Pai.

É colaborar na edificação, como coluna do santuário. A Igreja, na Liturgia, nos ensina desde sempre a elevar orações de alcance universal. Desenvolve as grandes asas da fé, para abraçar o mundo inteiro e presentear amorosamente seu Criador na assembléia litúrgica. Ninguém pode dizer que não lhe ensinaram. Com essa aprendizagem, o cristão avança sob o impulso do Espírito, percorre os caminhos e as estâncias, e habita na coluna da intercessão que se eleva direto aos céus e, sem saber como, verá que sua oração adquire mil reflexos.

A Igreja triunfante defende sem cessar a Igreja militante. Os santos não esquecem nem estão longe. Várias testemunhas que experimentaram sua poderosa intercessão escreveram sobre são Francisco de Assis:

Coroado de glória e honra, obtido um posto em meio às pedras de fogo, presente diante do trono da divindade, intercedia com amorosa urgência pelos assuntos daqueles que teve de deixar no mundo[1].

E o mesmo são Boaventura deixou muitos milagres: "Dessa forma se dava a entender a todos quão eficaz é, mesmo que em casos desesperadores, o poder dos méritos do bem-aventurado Francisco"[2].

É uma arte. O intercessor procura a restauração da beleza original em si e em seus irmãos, a recuperação da imagem divina impressa em seu ser. Sabe-se colaborador de Deus para restaurar a formosura, a bondade, a harmonia na paz. Entrega-se para que o esplendor da glória divina resplandeça nos fiéis e atraia os que estão longe. Diz com o Senhor: *"Consagra-os na verdade: Tua palavra é a verdade"* (Jo 17,17).

É participação no Mistério. A oração de intercessão em seus mais altos cumes não é necessariamente alegre como as flores que fazem sorrir as cores, nem solitária como a lua atravessando a escuridão, nem dolorosa como o granizo nunca bem-recebido. Ou talvez, às vezes, seja tudo isso ao mesmo tempo. Os intercessores se ajoelham num lugar do mistério de Cristo, naquele ao qual foram atraídos. Uns se estabelecem preferentemente nos mistérios de dor, outros nos de alegria, outros nos de glória. Uns habitam na Paixão, outros no trabalho da vida pública e outros na ressurreição e efusão do Espírito. Para os primeiros seu símbolo será a cruz, para os últimos a chama. O louvor e a ação de graças serão a nota dominante, sustentados na alegria de uma confiança imensa. O importante é o amor.

Quando a arte da intercessão se incrustou na vida como uma labareda, viver é interceder, para que brilhe em mil reflexos de Formosura contemplada. E o amor faz isso com gosto.

---

1. Tomás de Celano, *Vida I*, n. 119, in *San Francisco de Asís, Escritos...* Madrid, BAC, 1978, 215.
2. São Boaventura, Leyenda Mayor III, Milagros, 3,10, in *San Francisco de Asís, Escritos...* 484.

A virgem Vitória degolada pela espada, Inácio de Antioquia triturado como trigo pelos leões, Francisco de Assis chagado nos altos de Verna pelo Serafim, Clara de Assis no êxtase crucificante da Sexta-Feira Santa, Santa Joana transformada em guitarra de Deus pelos sons dulcíssimos de seu corpo tolhido, Pedro de Alcântara açoitado por seus irmãos, Teresa de Jesus atravessada pelo dardo do anjo, João da Cruz encarcerado sem outra luz ou guia, M. Francisca velando sem repouso nas noites frias de Salamanca... cada um pôde dizer: Tuas flechas cravaram em mim!.

E todos eles disseram... que a dor era doce, que a chaga era prazerosa e a noite como o dia, que morro porque não morro, que o mais ardente desejo havia se cumprido. Não houve mais dor amarga, nem mais pena dolorosa.

Quando voltaram da montanha seu rosto resplandecia e suas palavras se cravavam como flechas. Alguns os tiveram como inimigos, os perseguiram, os encarceraram, os tiraram de casa e deram fortunas para apagar sua memória e impedir as fundações. Alguns... basta que sejam poucos os perseguidores; pois costumam ter a consciência drogada pelo orgulho e rara habilidade para ser influentes. Mas eles, os santos, não se detiveram a ouvir:

> Oferece-te como hóstia santa e agradável... recordando teu propósito e não perdendo de vista teu ponto de partida... jamais recues. Em rápida corrida, com passo ligeiro, sem que teus pés tropecem, nem que a poeira do caminho te pegue, percorre o caminho da bem-aventurança, seguro, alegre, diligente...[3].

Eles passaram ao largo atravessando fortalezas e fronteiras, sem temer as feras. Voavam na espessura fascinados pela Beleza:

Gozemo-nos, Amado!
Vamo-nos ver em tua formosura,
No monte e na colina,
Onde brota a água pura;
Entremos mais adentro na espessura[4].

---

3. Santa Clara de Assis, Segunda Carta a Inés, 10-13.
4. São João da Cruz, Cântico Espiritual, 36, in *Obras Completas*, Petrópolis, Vozes e Carmelo Descalço do Brasil, 1984, 35.

Os santos não foram mortos pelas feras nem pelos inimigos, foram mortos pela força sedutora da Formosura:

> Mostra tua presença!
> Mata-me a tua vista e formosura;
> Olha que esta doença
> De amor jamais se cura,
> A não ser com a presença e a figura[5].

Os santos! Saíram do meio de nós, eram dos nossos... Sua intercessão alcançava os irmãos como dardos, fazia arder em chamas os que se deixavam alcançar, e em sua alma era comunhão de sentimentos com o Senhor. A Igreja toda palpitava no encontro de comunhão.

Talvez habitasse nessa forma de intercessão solidária, submissa até o pó, sóbria e humilde, aquele bispo a quem ouvi dizer: "A Deus não se diz *faça*, mas *lhe rogo*".

No fogo que devora e não consome habitava São Pedro de Alcântara, mestre da teologia mística, quando dizia:

> Oh! amado, amado, amado de minha alma!
> Oh! doçura, doçura de meu coração!
> Ouve-me, Senhor, não por meus merecimentos,
> mas por tua infinita bondade!
> Ensina-me, ilumina-me, corrige-me
> e ajuda-me em todas as coisas
> para que nada se faça nem diga,
> a não ser o que for agradável a teus olhos.
> Oh! Deus meu, amado meu,
> entranha minha, bem de minha alma!
> Oh! doce amor meu!
> Oh! grande deleite meu!
> Oh! fortaleza minha, vale-me;
> luz minha, guia-me!
> Oh! Deus de minhas entranhas!
> Por que não te das ao pobre[6].

---

5. Ibid., 31-32.
6. São Pedro de Alcântara, *Tratado de la oración e meditación*, c XI. "Elevación para alcanzar amor."

Já não sou eu, é Cristo quem ama, ora, vive e salva em mim! E esse Cristo amado e amante, nos últimos dias de sua vida neste mundo, quando todas as suas palavras tinham sabor de testamento, cobriu-se com o talit[7] e, levantando os olhos ao céu, intercedeu por nós desta maneira:

    Pai, chegou a hora: glorifica teu Filho, para que teu Filho te glorifique. Pois tem dado ao Filho autoridade sobre todos os homens, para que dê vida eterna aos que lhe deste. A vida eterna consiste em que te conheçam a ti, verdadeiro e único Deus, e a Jesus Cristo, teu enviado. Eu te estou glorificando na terra e terminando a obra que me deste para fazer. Agora, ó Pai, glorifica-me com a glória que eu tinha junto de ti, antes que existisse o mundo.

    Manifestei teu Nome aos homens, que tiraste do mundo para dá-los a mim. Eram teus e me quiseste dá-los, e eles têm obedecido à tua palavra. Eles sabem agora que tudo quanto me deste vem de ti, porque a mensagem que mandaste dar eu dei a eles, e eles a receberam e reconheceram ser verdade que sai de ti; por isso creram que tu me enviaste. Rogo por eles: não rogo pelo mundo, mas pelos que me deste, porque são teus; tudo o que é meu é teu e tudo que é teu é meu. É assim que sou glorificado neles.

Eu não estou mais no mundo, mas eles ficam no mundo. Eu volto a ti. Pai santo, guarda-os em teu Nome, o Nome que me deste, para que sejam um como nós. Quando eu estava com eles, eu mesmo conservava no teu Nome os que me deste. Guardei-os e nenhum deles se perdeu, a não ser o filho da perdição, para que se cumprisse o que estava escrito. Agora, porém, volto a ti, e falo isto estando ainda no mundo, para que partilhem plenamente da minha alegria. Eu lhes comuniquei tua palavra e o mundo ficou com ódio deles, porque não são do mundo, como eu também não sou do mundo. Não te peço que os tires do mundo, mas que os guardes do Maligno. Eles não são do mundo, como eu não sou do mundo. Consagra-os na verdade: Tua palavra é a verdade. Como me enviaste ao mundo, assim eu os envio ao mundo. E por eles me consagro a mim mesmo, para que eles também sejam consagrados na verdade.

Não rogo somente por eles, mas também por todos aqueles que hão de crer em mim pela sua palavra. Que todos sejam um! Meu Pai, que

---

7. *Talit*: xale de orações. O *talit* é obrigatório para todos os homens judeus quando na sinagoga ou no lar na hora da enunciação das orações matutinas (N. T.).

eles estejam em nós, assim como tu estás em mim e eu em ti. Que sejam um para que o mundo creia que tu me enviaste. Eu lhes dei a glória que tu me deste, para que sejam um, como nós somos um: eu neles e tu em mim, para que sejam perfeitamente unidos, e o mundo conheça que tu me enviaste e que os amaste como tu me amaste.

Pai, aqueles que me deste, quero que eles também estejam onde eu estiver, para que contemplem minha glória, aquela glória que me deste por me teres amado antes da criação do mundo. Pai justo, o mundo não te conhece mas eu te conheço, e estes também sabem que tu me enviaste. Fiz com que conhecessem teu Nome e os farei conhecê-lo ainda, para que o amor que tens por mim esteja neles e para que eu mesmo esteja também neles. (Jo 17,1-26).

Assim orou Jesus. Que suas palavras permaneçam como chave de ouro, selando tudo o que foi dito sobre a intercessão.

DISTRIBUIDORES DE EDIÇÕES LOYOLA

Edições Loyola

Se o(a) senhor(a) não encontrar qualquer um de nossos livros em sua livraria preferida ou em nossos distribuidores, faça o pedido por reembolso postal à:

Rua 1822 nº 347, Ipiranga – CEP 04216-000 – São Paulo, SP
Caixa Postal 42.335 – CEP 04218-970 – São Paulo, SP
Tel.: 11 6914-1922 – Fax: 11 6163-4275
vendas@loyola.com.br   www.loyola.com.br

BAHIA
LIVRARIA E DISTRIBUIDORA MULTICAMP LTDA.
Rua Direita da Piedade, 203 – Piedade
Tel.: (71) 2101-8010 / 2101-8009
Telefax: (71) 3329-0109
40070-190 Salvador, BA
multicamp@uol.com.br

MINAS GERAIS
ASTECA DISTRIBUIDORA DE LIVROS LTDA.
Rua Costa Monteiro, 50 e 54
Bairro Sagrada Família
Tel.: (31) 3423-7979 • Fax: (31) 3424-7667
31030-480 Belo Horizonte, MG
distribuidora@astecabooks.com.br

MÃE DA IGREJA LTDA.
Rua São Paulo, 1054/1233 – Centro
Tel.: (31) 3213-4740 / 3213-0031
30170-131 Belo Horizonte, MG
maedaigrejabh@wminas.com

RIO DE JANEIRO
ZÉLIO BICALHO PORTUGAL CIA. LTDA.
Vendas no Atacado e no Varejo
Av. Presidente Vargas, 502 – sala 1701
Telefax: (21) 2233-4295 / 2263-4280
20071-000 Rio de Janeiro, RJ
zeliobicalho@prolink.com.br

EDITORA VOZES LTDA. – SEDE
Rua Frei Luis, 100 – Centro
25689-900 Petrópolis, RJ
Tel.: (24) 2233-9017 • Fax: (24) 2246-5552
vozes62@uol.com.br

RIO GRANDE DO SUL
LIVRARIA E EDITORA PADRE REUS
Rua Duque de Caxias, 805
Tel.: (51) 3224-0250 • Fax: (51) 3228-1880
90010-282 Porto Alegre, RS
livrariareus@livraria-padre-reus.com.br

SÃO PAULO
DISTRIBUIDORA LOYOLA DE LIVROS LTDA.
Vendas no Atacado
Rua São Caetano, 959 – Luz
Tel.: (11) 3322-0100 • Fax: (11) 3322-0101
01104-001 São Paulo, SP
vendasatacado@livrarialoyola.com.br

LIVRARIAS PAULINAS
Via Raposo Tavares, km 19,145
Tel.: (11) 3789-1425 / 3789-1423
Fax: (11) 3789-3401
05577-300 São Paulo, SP
expedicao@paulinas.org.br

REVENDEDORES DE EDIÇÕES LOYOLA

AMAZONAS
EDITORA VOZES LTDA.
Rua Costa Azevedo, 105 – Centro
Tel.: (92) 3232-5777 • Fax: (92) 3233-0154
69010-230 Manaus, AM
vozes61@uol.com.br

LIVRARIAS PAULINAS
Av. 7 de Setembro, 665
Tel.: (92) 3633-4251 / 3233-5130
Fax: (92) 3633-4017
69005-141 Manaus, AM
livmanaus@paulinas.org.br

BAHIA
EDITORA VOZES LTDA.
Rua Carlos Gomes, 698A –
Conjunto Bela Center – loja 2
Tel: (71) 3329-5466 • Fax: (71) 3329-4749
40060-410 Salvador, BA
vozes20@uol.com.br

LIVRARIAS PAULINAS
Av. 7 de Setembro, 680 – São Pedro
Tel.: (71) 3329-2477 / 3329-3668
Fax: (71) 3329-2546
40060-001 Salvador, BA
livsalvador@paulinas.org.br

BRASÍLIA
EDITORA VOZES LTDA.
SCLR/Norte – Q. 704 – Bloco A n. 15
Tel.: (61) 3326-2436 • Fax: (61) 3326-2282
70730-516 Brasília, DF
vozes09@uol.com.br

LIVRARIAS PAULINAS
SCS – Q. 05 / Bl. C / Lojas 19/22 – Centro
Tel.: (61) 3225-9595 • Fax: (61) 3225-9219
70300-500 Brasília, DF
livbrasilia@paulinas.org.br

CEARÁ
EDITORA VOZES LTDA.
Rua Major Facundo, 730
Tel.: (85) 3231-9321 • Fax: (85) 3231-4238
60025-100 Fortaleza, CE
vozes23@uol.com.br

LIVRARIAS PAULINAS
Rua Major Facundo, 332
Tel.: (85) 226-7544 / 226-7398
Fax: (85) 226-9930
60025-100 Fortaleza, CE
livfortaleza@paulinas.org.br

ESPÍRITO SANTO

LIVRARIAS PAULINAS
Rua Barão de Itapemirim, 216 – Centro
Tel.: (27) 3223-1318 / 0800-15-712
Fax: (27) 3222-3532
29010-060 Vitória, ES
livvitoria@paulinas.org.br

GOIÁS

EDITORA VOZES LTDA.
Rua 3, nº 291
Tel.: (62) 3225-3077 • Fax: (62) 3225-3994
74023-010 Goiânia, GO
vozes27@uol.com.br

LIVRARIA ALTERNATIVA
Rua 70, nº 124 – Setor Central
Tel.: (62) 3229-0107 / 3224-4292
Fax: (62) 3212-1035
74055-120 Goiânia, GO
distribuidora@livrariaalternativa.com.br

LIVRARIAS PAULINAS
Av. Goiás, 636
Tel.: (62) 224-2585 / 224-2329
Fax: (62) 224-2247
74010-010 Goiânia, GO
livgoiania@paulinas.org.br

MARANHÃO

EDITORA VOZES LTDA.
Rua da Palma, 502 – Centro
Tel.: (98) 3221-0715 • Fax: (98) 3222-9013
65010-440 São Luís, MA
livrariavozes@terra.com.br

LIVRARIAS PAULINAS
Rua de Santana, 499 – Centro
Tel.: (98) 232-3068 / 232-3072
Fax: (98) 232-2692
65015-440 São Luís, MA
fspsaoluis@elo.com.br

MATO GROSSO

EDITORA VOZES LTDA.
Rua Antônio Maria Coelho, 197A
Tel.: (65) 3623-5307 • Fax: (65) 3623-5186
78005-970 Cuiabá, MT
vozes54@uol.com.br

MINAS GERAIS

ASTECA DISTRIBUIDORA DE LIVRO LTDA.
Av. Dr. Cristiano Guimarães, 2127
sala 108 – Planalto
Tel.: (31) 3443-3990
31720-300 Belo Horizonte, MG

EDITORA VOZES LTDA.
Rua Sergipe, 120 – loja 1
Tel.: (31) 3226-9010 • Fax: (31) 3226-7797
30130-170 Belo Horizonte, MG
vozes04@uol.com.br

Rua Tupis, 114
Tel.: (31) 3273-2538 • Fax: (31) 3222-4482
30190-060 Belo Horizonte, MG
vozes32@uol.com.br

Rua Espírito Santo, 963
Tel.: (32) 3215-9050 • Fax: (32) 3215-8061
36010-041 Juiz de Fora, MG
vozes35@uol.com.br

LIVRARIAS PAULINAS
Av. Afonso Pena, 2142
Tel.: (31) 3269-3700 • Fax: (31) 3269-3730
30130-007 Belo Horizonte, MG
livbelohorizonte@paulinas.org.br

Rua Curitiba, 870 – Centro
Tel.: (31) 3224-2832 • Fax: (31) 3224-2208
30170-120 Belo Horizonte, MG
gerencialivbelohorizonte@paulinas.org.br

PARÁ

LIVRARIAS PAULINAS
Rua Santo Antônio, 278 – B. do Comércio
Tel.: (91) 3241-3607 / 3241-4845
Fax: (91) 3224-3482
66010-090 Belém, PA
livbelem@paulinas.org.br

PARANÁ

EDITORA VOZES LTDA.
Rua Pamphilo de Assumpção, 554 – Centro
Tel.: (41) 3333-9812 • Fax: (41) 3332-5115
80220-040 Curitiba, PR
vozes21@uol.com.br

Rua Emiliano Perneta, 332 – loja A
Telefax: (41) 3233-1392
80010-050 Curitiba, PR
vozes64@uol.com.br

Rua Senador Souza Naves, 158-C
Tel.: (43) 3337-3129 • Fax: (43) 3325-7167
86020-160 Londrina, PR
vozes41@uol.com.br

LIVRARIAS PAULINAS
Rua Voluntários da Pátria, 225
Tel.: (41) 3224-8550 • Fax: (41) 3223-1450
80020-000 Curitiba, PR
livcuritiba@paulinas.org.br

Av. Getúlio Vargas, 276 – Centro
Tel.: (44) 226-3536 • Fax: (44) 226-4250
87013-130 Maringá, PR
livmaringa@paulinas.org.br

PERNAMBUCO, PARAÍBA, ALAGOAS, RIO GRANDE DO NORTE E SERGIPE

EDITORA VOZES LTDA.
Rua do Príncipe, 482
Tel.: (81) 3423-4100 • Fax: (81) 3423-7575
50050-410 Recife, PE
vozes10@uol.com.br

LIVRARIAS PAULINAS
Rua Duque de Caxias, 597 – Centro
Tel.: (83) 241-5591 / 241-5636 • Fax: (83) 241-6979
58010-821 João Pessoa, PB
livjpessoa@paulinas.org.br

Rua Joaquim Távora, 71
Tel.: (82) 326-2575 • Fax: (82) 326-6561
57020-320 Maceió, AL
livmaceio@paulinas.org.br

Rua João Pessoa, 224 – Centro
Tel.: (84) 212-2184 • Fax: (84) 212-1846
59025-200 Natal, RN
livnatal@paulinas.org.br

Rua Frei Caneca, 59 – Loja 1
Tel.: (81) 3224-5812 / 3224-6609
Fax: (81) 3224-9028 / 3224-6321
50010-120 Recife, PE
livrecife@paulinas.org.br

RIO DE JANEIRO

EDITORA VOZES LTDA.
Rua México, 174 – Sobreloja – Centro
Telefax: (21) 2215-0110 / 2533-8358
20031-143 Rio de Janeiro, RJ
vozes42@uol.com.br

LIVRARIAS PAULINAS
Rua 7 de Setembro, 81-A
Tel.: (21) 2232-5486 • Fax: (21) 2224-1889
20050-005 Rio de Janeiro, RJ
livjaneiro@paulinas.org.br

Rua Dagmar da Fonseca, 45
Loja A/B – Bairro Madureira
Tel.: (21) 3355-5189 / 3355-5931
Fax: (21) 3355-5929
21351-040 Rio de Janeiro, RJ
livmadureira@paulinas.org.br

Rua Doutor Borman, 33 – Rink
Tel.: (21) 2622-1219 • Fax: (21) 2622-9940
24020-320 Niterói, RJ
livniteroi@paulinas.org.br

ZÉLIO BICALHO PORTUGAL CIA. LTDA.
Rua Marquês de S. Vicente, 225 – PUC
Prédio Cardeal Leme – Pilotis
Telefax: (21) 2511-3900 / 2259-0195
22451-041 Rio de Janeiro, RJ

Centro Tecnologia – Bloco A – UFRJ
Ilha do Fundão – Cidade Universitária
Telefax: (21) 2290-3768 / 3867-6159
21941-590 Rio de Janeiro, RJ
livrarialiança@prolink.com.br

RIO GRANDE DO SUL

EDITORA VOZES LTDA.
Rua Riachuelo, 1280
Tel.: (51) 3226-3911 • Fax: (51) 3226-3710
90010-273 Porto Alegre, RS
vozes05@uol.com.br

LIVRARIAS PAULINAS
Rua dos Andradas, 1212 – Centro
Tel.: (51) 3221-0422 • Fax: (51) 3224-4354
90020-008 Porto Alegre, RS
livpalegre@paulinas.org.br

RONDÔNIA

LIVRARIAS PAULINAS
Rua Dom Pedro II, 864 – Centro
Tel.: (69) 3224-4522 • Fax: (69) 3224-1361
78900-010 Porto Velho, RO
fsp-pvelho@ronet.org.br

SANTA CATARINA

EDITORA VOZES
Rua Jerônimo Coelho, 308
Tel.: (48) 3222-4112 • Fax: (48) 3222-1052
88010-030 Florianópolis, SC
vozes45@uol.com.br

SÃO PAULO

DISTRIB. LOYOLA DE LIVROS LTDA.
Vendas no Varejo
Rua Senador Feijó, 120
Telefax: (11) 3242-0449
01006-000 São Paulo, SP
senador@livrarialoyola.com.br

Rua Barão de Itapetininga, 246
Tel.: (11) 3255-0662 • Fax: (11) 3231-2340
01042-001 São Paulo, SP
loyola_barao@terra.com.br

Rua Quintino Bocaiúva, 234 – Centro
Tel.: (11) 3105-7198 • Fax: (11) 3242-4326
01004-010 São Paulo, SP
atendimento@livrarialoyola.com.br

EDITORA VOZES LTDA.
Rua Senador Feijó, 168
Tel.: (11) 3105-7144 • Fax: (11) 3105-7948
01006-000 São Paulo, SP
vozes03@uol.com.br

Rua Haddock Lobo, 360
Tel.: (11) 3256-0611 • Fax: (11) 3258-2841
01414-000 São Paulo, SP
vozes16@uol.com.br

EDITORA VOZES LTDA.
Rua dos Trilhos, 627 – Mooca
Tel.: (11) 6693-7944 • Fax: (11) 6693-7355
03168-010 São Paulo, SP
vozes37@uol.com.br

Rua Barão de Jaguara, 1097
Tel.: (19) 3231-1323 • Fax: (19) 3234-9316
13015-002 Campinas, SP
vozes40@uol.com.br

CENTRO DE APOIO AOS ROMEIROS
Setor "A", Asa "Oeste"
Rua 02 e 03 – Lojas 111 / 112 e 113 / 114
Tel.: (12) 564-1117 • Fax: (12) 564-1118
12570-000 Aparecida, SP
vozes56@uol.com.br

LIVRARIAS PAULINAS
Rua Domingos de Morais, 660 – V. Mariana
Tel.: (11) 5081-9330
Fax: (11) 5549-7825 / 5081-9366
04010-100 São Paulo, SP
livdomingos@paulinas.org.br

Rua XV de Novembro, 71
Tel.: (11) 3106-4418 / 3106-0602
Fax: (11) 3106-3535
01013-001 São Paulo, SP
liv15@paulinas.org.br

LIVRARIAS PAULINAS
Av. Marechal Tito, 981 – São Miguel Paulista
Tel.: (11) 6297-5756 • Fax: (11) 6956-0162
08010-090 São Paulo, SP
livsmiguel@paulinas.org.br

PORTUGAL

MULTINOVA UNIÃO LIV. CULT.
Av. Santa Joana Princesa, 12 E
Tel.: 00xx351 21 842-1820 / 848-3436
1700-357 Lisboa, Portugal

DISTRIB. DE LIVROS VAMOS LER LTDA.
Rua 4 de infantaria, 18-18A
Tel.: 00xx351 21 388-8371 / 60-6996
1350-006 Lisboa, Portugal

EDITORA VOZES
Av. 5 de outubro, 23
Tel.: 00xx351 21 355-1127
Fax: 00xx351 21 355-1128
1050-047 Lisboa, Portugal
vozes@mail.telepac.pt

Este livro foi composto nas famílias tipográficas
Utopia e *M Hiroshige Medium*
e impresso em papel *Offset* $75g/m^2$

Edições Loyola
Editoração, Impressão e Acabamento
Rua 1822, n. 347 • Ipiranga
04216-000 SÃO PAULO, SP
Tel.: (011) 6914-1922